예배혁명

당신이 하나님을 더 깊이 알아 가고 더 널리 알리는 사람이 되는 것. 이 책에 담긴 예수전도단의 마음입니다. 말씀을 통해 저자가 깨닫고, 원고를 통해 저희가 누릴 수 있었던 그 감동이 책을 통해 당신에게도 전해지기 원합니다. 그리고 당신을 통해 그 기쁨과 은혜가 더 많은 이들에게 계속해서 흘러가기를 기도하겠습니다. 이 책을 통해 당신이 받은 은혜를 다른 분들에게도 나눠 주십시오. 사랑하고 축복합니다.

© 조건회, 2016

본 저작물의 한국어판 저작권은 도서출판 예수전도단에 있습니다.
저작권법에 의해 보호받는 저작물이므로 무단 전재와 복제를 금합니다.

예배혁명

조건회 지음

예수전도단

추천의 글 01
우리는 어떻게 예배해야 하는가

어떻게 예배하는 것이 올바른 것일까? 이 질문은 가인과 아벨 이후로 하나님을 섬기는 사람들이 끊임없이 던져온 물음입니다. 올바로 예배하고 싶은 열망은 하나님의 피조물인 인간이 마음속 깊이 품어온 가장 원초적인 소원이라 할 수 있습니다. 특히 예배 전쟁의 시대를 살고 있는 오늘의 그리스도인들에게 올바른 예배에 대한 고민은 매우 긴박하고 절실한 주제인 것만은 틀림없습니다.

이 책은 그런 고민을 하는 사람들을 위한 매우 탁월한 목회적 신학적 안내서입니다. 저자는 예배의 '형태와 형식'에 대해 말하지 않고 예배에 참여하는 사람들이 가져야 할 '올바른 태도와 자세'에 대해 보다 깊은 통찰을 제공하고 있습니다. 예배를 '하나님의 은혜에 대한 인간의 응답'이라고 한다면 예배자는 과연 어떻게 '하나님께 응답해야 하는가'를 매우 이해하기 쉽게 설명해 줍니다.

저자의 글은 단순하면서도 핵심을 찌르는 능력이 있으며 신약적이고 복음적인 관점이 매우 잘 드러나고 있는 것이 특징입니다. 그래서 그의 예배학적 관점은 언제나 자발적이고 그래서 응답적입니다. 하나님 은혜에 대한 인간의 응답적 차원을 강조하는 그의 예배관 역시 이러한 맥락에서 이해할 필요가 있겠습니다.

지금까지 한국 교회는 많은 예배를 드리는 것을 자랑으로 여겨왔습니다. 그러나 한국 교회와 그리스도인들이 비그리스도인들에게 모범이 되지 못하고 지탄을 받는 것은 예배의 위기를 단적으로 보여주는 예입니다. 이것은 또한 모이는 예배는 열심히 참석하지만 삶으로 드리는 예배에는 관심이 없다는 증거이기도 합니다.

이 책은 이러한 한국 교회의 예배의 위기 속에서 과연 "우리는 어떻게 예배해야 하는가?" 하는 질문과 그에 대한 대답을 우리에게 줍니다. 한 장 한 장 이 책을 읽어 내려갈 때 우리는 예배에 대한 신선한 혜안을 얻게 되고 동시에 헌신된 예배자로 한걸음 다가설 수 있게 될 것입니다.

김경진 _장로회신학대학교 예배설교학 교수_

추천의 글 02

예배, 신앙의 시작과 끝

저자와 그가 담임하고 있는 예능교회를 보면, 참된 예배에 대한 열정과 비전이 남다름을 느낄 수 있습니다. 저 역시 '교회가 이 땅의 소망이 되기 위해' 예배에 목숨을 겁니다. 왜 이렇게 예배를 강조할까요? 바로 예배가 우리 신앙의 시작과 끝이기 때문입니다.

저자가 예배를 강조하는 이유는 예배가 예배로만 끝나지 않는다는 사실 때문입니다. 예배는 하나님과의 만남이고, 그 만남을 시작으로 인격적이고 친밀한 교제가 이루어지며 우리는 삶으로 응답하는 것입니다. 그렇게 삶의 변화가 이루어질 때 그리스도인은 세상에 선한 영향력을 끼칠 수 있는 온전한 예배자가 될 수 있다는 것입니다.

사도행전 2장을 보면, 초대교회 공동체의 가장 큰 특징을 볼 수 있습니다. "하나님을 찬미하고 백성들에게 칭송을 받으니 하나님께서 구원받는 숫자를 더하셨다"는 것입니다. 교회는 성장이나 세상 사람에게 칭송을 받는 것이 목적이 될 수 없습니다. 하지만 진정으로 하나님을 예배하는 공동체는 백성들에게 칭송을 받고 하나님께서 구원받는 숫자를 더하십니다.

교회성장 전략의 하나로 하나님을 예배하는 것이 아닙니다. 만일 예배가 전략이 된다면 이분법적으로 나뉠 것입니다. 예배를 드리는 곳과 예배를 드리지 않는 곳으로 말입니다. 중요한 점은 단지 주일 예배를 드리는 것에 만족하는 것이 아니라, 우리 삶이 매일 예배가 되도록 우리 삶의 패턴을 바꿔야 한다는 사실입니다.

이 책은 우리를 변화시킬 것입니다. 하나님을 '마주침에서 만남으로', 하나님이 '주변에서 중심으로' 우리의 삶의 패턴을 바꿀 것입니다. 저자는 "그리스도인의 삶을 통해서 비그리스도인들이 감동을 받는다면, 그들은 마치 움직이고 걸어다니는 살아 있는 바이블, 성경을 접하는 것과 같지 않겠냐"고 도전합니다.

예배에서 삶으로, 삶에서 믿음을 보이는 바이블로 살아가길 원하는 모든 분에게 추천합니다.

김병삼 목사_만나교회 담임목사

추천의 글 03

하나님의 동역자로서 예배자

예배를 고안하셔서 우리에게 주신 하나님의 마음을 알면, 우리의 예배는 단순히 시간과 공간에 제한된 의식적인 예배를 넘어설 수 있습니다. 또한 삶이 예배가 되기를 원하는 예배자의 삶 속에 주께서 일으키시는 '예배혁명'을 경험하게 될 것입니다.

저자는 예배의 가치를 자신의 목회 현장에서 '왕 같은 제사장'으로 부름받은 성도들이, 그 신분 속에 흐르는 주님의 마음으로 '하나님과 세상 사이에 다리를 놓는 자'로서 온전히 사는 것이라고 이해하기 쉽게 풀어주었습니다.

한국 교회의 예배자(Worshiper)를 세우는 일에 멍에를 메고 긴 세월 함께 동역하면서 목사님의 삶에 심으신 주님의 은사들이 주님의 성품 안에서 귀한 열매로 나타나는 것을 볼 때 동역자의 한 사람으로서 참 아름답다는 고백을 하게 되었습니다.

글은 그 사람의 정신이요 삶이어야 한다고 믿습니다. 그런 면에서 '예배는 만남이다'라는 여는 대화로 시작하여 '예배를 축제로 경험하다'라는 닫는 말로 가름되는 이 책에는 하나님이 찾으시는 진정한 예배자, 즉 삶이 예배가 된 자 안에 녹녹히 녹아들어 간 주님의 지혜와 계시의 정신이 흐르고 있습니다. 그래서 혼탁해진 교회 안에서 교회를 정화시키고, 교회 안에 여호와의 기쁨이 회복되는 지름길을 발견할 수 있습니다.

예배의 만남이 삶의 축제로 이어진다는 것은 하나님 나라의 의와 평강과 희락이 예배자의 삶 속에서 임한다는 것입니다. 이 하나님의 강력한 통치 아래 하나님의 동역자로 부름받은 예배자들이 불같이 일어나는 데 그 도화선이 될 것을 바라보며 이 책을 추천합니다.

김진호 목사_뉴저지 예수마을교회 담임목사

추천의 글 04

하나님이 찾으시는 예배자

저자의 삶과 사역의 일관성은 예배라는 말로 표현할 수 있습니다. 그의 삶과 목회의 동기가 하나님을 예배하고 그분의 영광을 드러내는 것이었으니까요. 말이나 글로 전할 기회가 있을 때마다 항상 예배를 강조해 왔을 뿐만 아니라, 실제 목회와 사역의 현장에서 건강한 예배공동체를 이루기 위해 힘써왔습니다. 특히 예배가 문화적인 화석이 아니라 살아 계신 하나님의 임재가 역동적으로 드러나며, 감사와 기쁨이 넘치는 삶으로 나아가는 자리가 되도록 고민하며 탐구하는 자세를 잃지 않았습니다.

그런 면에서 이 책은 오랫동안 목사님이 예배에 쏟은 열정과 고민, 탐구와 실천이 오랜 시간을 지나면서 잘 영글어져 맺힌 열매라고 할 수 있습니다. 특히 '만남'과 '응답'과 '삶'으로 이루어진 이 책의 구성은 예배가 그리스도인의 삶의 여정에서 어떤 자리에 놓이는지를 잘 보여주고 있습니다.

예배를 다루기 전에 주님과의 만남을 먼저 고려한 것은 예배의 근거를 살펴봄으로써 예배가 우리 자신의 열심이나 자기 의가 아니라 우리를 먼저 찾아오시는 하나님의 은혜에서 출발한다는 점을 분명히 하고 있습니다. 그렇기 때문에 예배는 2부에서 밝힌 것처럼 우리에게 다가오신 하나님을 만나는 것이고, 그 하나님의 임재에 반응하는 것입니다.

3부는 예배가 주님과의 만남에서 머물기만 하는 것이 아니라 삶으로 이어진다는 것을 보여줍니다. 다시 말해, 우리의 예배가 자기 열심과 자기 만족의 자리가 되지 않으려면 예배의 근거와 결과에 대한 분명한 이해를 가지고 있어야 하는데, 이 책은 바로 이러한 이해에 기초해서 예배에 대한 우리의 시야를 제대로 넓혀주고 있습니다.

하나님은 예나 지금이나 예배자를 찾으십니다. 그동안에도 예배 자체의 풍성함은 있었지만 진정으로 하나님이 원하시는 방향의 예배였는지, 삶의 열매로 나타나는 예배였는지를 고민하고 되물을 때입니다. 우리의 되물음에 이 책이 좋은 동반자가 될 것을 믿습니다.

박정관 목사_한국 다리놓는사람들 대표, 문화연구원 소금항 원장

추천의 글 05

하나님 그분의 소원

얼마 전, 여러 이야기 중에 한 컴패션 후원자가 어린이에게 보냈다는 편지 내용을 듣게 되었습니다. "길에서 쉽게 마주치는 꽃에서도, 네 코끝을 스치는 바람에서도 하나님의 사랑을 느낄 수 있는 네가 되었으면 좋겠구나." 한치 앞을 내다볼 수 없는 숨막히는 가난을 어린이 스스로의 힘으로 헤쳐나가야만 하는 압박 속에 있을 때, 한 사람을 만남으로 급격한 변화를 체험합니다. 희망의 빛이 보이기 시작합니다. 그때, 후원자에게 이런 편지를 받는다면, 아마도 이 어린이는 하나님의 사랑을 만지고 품을 수 있는 어떤 실질적인 것으로 경험할 것입니다. 이 어린이가 경험한 것, 저는 이것이 곧 예배라고 생각합니다. 또한 저는 동일하게 예능교회 조건회 목사님과 함께하는 예배에서도 그 질은 향기를 경험해 왔습니다.

이 책을 통해 조건회 목사님과 예능교회의 예배 이야기를 보고 들을 수 있어서 참으로 감사합니다. 예능교회는 '축제의 예배, 나눔의 은혜, 구원의 기쁨'이 살아 역동합니다. '하나님 안에서 누리는 충만한 기쁨과 넘치는 만족감'이 가득합니다. 하지만 조건회 목사님이 정말 말하고자 하는 바는 이것이라고 생각합니다. 하나님 안에서 '만족'은 '하나님, 나는 하나님 안에서 만족한 후 또 다른 것을 얻고 싶습니다'라고 말할 수 없음을 고백하게 되는 것 말입니다.

이 책에는 예배의 형식이 아닌 예배에 관한 실질적인 경험들과 다정다감하지만 정곡을 찌르는 이야기들로 가득합니다. 마치 바로 곁에서 들려주고 있는 것처럼 쉽고 재미있지만 교훈도 잊지 않았습니다. 그래서 어떤 강요나 강박이 아니라 자연스럽게 내 안에 부어지고 채워져 마침내 나를 살리는 유익한 양식(糧食)으로 남게 됩니다.

그리고 그곳에는 기쁜 소식이 기다리고 있습니다. "우리가 예배를 축제로 경험하는 것은 하나님 그분의 소원"이라는 것입니다.

이 책을 읽으시는 분들은 아마도, 두 팔 벌려 우리 모두를 끌어안으시는 하나님의 품으로 얼른 뛰어들고 싶어질 것입니다.

서정인_ 한국 컴패션 대표

여는 대화

예배는 '만남'encounter이다

예배가 형식화되고 메마른 현실 속에서도 한국 교회에는 여전히 하나님의 임재하심을 경험하며 예배하는 교회 공동체가 여럿 있다. 그 중에 주일 정규 예배를 전통과 현대적 요소가 공존하는 '통합적 예배(Blended Worship)'로 드려 누구도 예상치 못한 열매를 거둔 예능교회(예장 통합)가 있다.

　세대 간 갈등, 예배 문화의 빠른 변화, 젊은 세대의 신앙 약화…. 예능교회는 이런 장애물에도 청년과 장년 세대를 아우르는 예배 공동체의 중요성을 역설하며 '하나님과의 만남이 있는 예배'를 추구하고 있다. 비슷한 형식으로 예배드리는 교회도 많고 유명 초대형교회도 있지만, 예능교회만큼 기름부음 넘치는 예배 영성을 지속적으로 유지하며 한국 교회에 성경적 예배의 이론과 실제를 전하며 나누는 곳은 없는 것 같다. 그래서 이 모든 것을 계획하고 이끌어낸 예능교회 담임목사인 저자와의 대화를 통해 '예배 영성 회복'의 핵심을 헤아리는 것으로 이 책을 시작한다.

Q. 목사님께서는 '만남'이라는 키워드를 개인과 공동체 예배 영성의 핵심으로 보시는 것 같습니다. 그렇게 생각하시는 이유는 무엇인가요?

언젠가 아들에게 이런 말을 해준 적이 있습니다.

"아들아, 하나님께 예배를 잘 드리면 복을 받는다!"

하나님과의 관계가 바로 서면, 이 땅에서의 삶의 자리에 하나님의 간섭하심과 성원하심의 은혜가 임한다는 말입니다. 아담과 하와가 에덴동산에서 선악과를 먹었을 때, 우리는 하나님과의 올바른 관계를 잃어버렸고 죽음에 대한 공포와 삶의 두려움에 사로잡힌 인생이 되었습니다. 하지만 성경은 전혀 소망이 없는 고난과 시련의 자리에서도 끝내 하나님의 형통케 하시는 복을 받은 이들이 있음을 보여줍니다. 저는 그들의 공통점이 예배라고 생각합니다. 성경뿐 아니라 오늘을 살아가는 믿음의 사람들 중에서 하나님의 복을 삶의 자리에서 경험하는 이들은 모두 '하나님이 찾으시는 예배자'들입니다. 그래서 저는 "예배 잘 드리면 복 받는다"는 말이 진리라고 믿습니다.

기복신앙에서 나온 말이 아닙니다. 저는 지금 열심이 아니라 초점과 방향에 대한 이야기를 하고 있는 것입니다. 아무리 열심을 낸다해도 초점과 방향이 빗나간 열심은 오히려 손해입니다.

과연 무엇이 진정한 예배 영성이며 어떻게 드리는 예배를 하나님이 기뻐 받으실까요? 핵심은 '우리가 얼마나 열심히 예배하느냐'

가 아니라, '얼마나 하나님이 기뻐 받으시는 예배를 하느냐' 입니다. 예배로 복을 받은 이들은 모두 대가를 바라는 열심이 아니라 하나님의 임재에 대한 사모함으로 충만한 사람들이었습니다. 그들은 예배에 목숨을 걸었고, 상황과 여건에 상관없이 예배했고 위기가 다가와도 예배를 포기하지 않았습니다. 하나님 만나는 것에 우선순위를 두었기 때문입니다.

하나님을 만나는 것보다 행위의 열심에 초점을 두면, 성경의 표현 그대로 '성전의 마당만 밟고 가게' 됩니다. 일주일 동안 지은 죄만 씻고 돌아가는, 이른바 '세차장 예배'로 전락할 수 있습니다. '문제해결용 예배', 즉 소원성취를 위해 하나님을 산신령이나 산타크로스처럼 섬기는 예배가 될 수도 있습니다.

그러나 하나님은 그분과 만나는 예배를 기뻐하시며 요구하십니다. 그 만남(encounter)은 하나님의 주권적 계시로 시작되어 그에 대한 인간의 응답으로 완성되며, 삶 가운데 열매 맺습니다. 그것이 바로 이 책의 내용입니다. 초점과 방향을 잃어버린 채 열심만 붙잡고 기계처럼 예배 의식과 행위만 반복하고 있다면, 반드시 정독하며 점검해야 할 요소들입니다.

Q. 말씀하신 대로 예배 가운데 하나님을 만나거나 경험하는 것은 예배 영성의 필수요소입니다. 하지만 이것은 전에도 여러 번 들어본, 전혀 새롭지 않은 메시지입니다. 비슷한 주제의 책도 많이 나와 있고요. 그런데도 지금 동일한

메시지를 담은 또 한 권의 책이 나와야 할 이유가 있을까요?

'하나님과의 만남, 그에 대한 응답, 삶의 예배'라는 메시지는 전혀 새로운 것이 아닙니다. 하지만 이 주제를 교회 공동체의 예배 현장이라는 맥락(context)과 연결해서 접근한 관점은 아직도 부족합니다.

한국 교회는 신앙과 규모 면에서 총체적 위기 상황에 처해 있습니다. 그것을 단적으로 보여주는 내부의 지표가 생명력을 잃어버린 공동체 예배라고 생각합니다. 예배와 찬양이 '문화'의 차원으로까지 확장되던 시절도 있었지만, 지금의 공동체 예배는 추락하고 있는 한국 교회의 궤적을 그대로 따르고 있습니다. 매너리즘에 빠진 형식화된 예배, 설교를 위한 예배, 회중이 관객이 된 예배, 기복신앙으로 가득 찬 예배, 인간의 전통과 사상이 하나님의 말씀을 대신하는 예배, 남녀노소가 함께하기 어려워진 예배 등으로 한국 교회의 아름다운 전통이었던 주일 성수의 개념 자체가 의미를 잃고 있습니다. 그 결과로 '가나안 성도'나 인터넷 영상을 보며 개인적으로 예배하는 '나홀로 신앙인'이 증가하고 있는 것입니다. 이와 같이 우리의 현재 예배 현장에 대한 실제적 고민 없는 대안은 아무것도 변화시킬 수 없습니다.

제가 섬기고 있는 예능교회는 전통적 요소와 현대적 요소를 균형 있게 접목한 이른바 '통합적 예배(Blended Worship)'를 드리고 있습니다. 오랫동안 예배를 연구하고 적용하면서 예능교회 공동체는 자연스럽게 이에 대한 경험과 노하우를 축적해 왔습니다. 이것은 특정 교회가 추구하는 예배의 기본 정신과 가치인 동시에 전통적 예배와 현대적 예배 사이에서 예배의 갱신을 소망하는 개인과 공동체, 예배 리더십에게 꼭 필요한 내용입니다. 또한 예배의 패러다임 변화를 통해 교회 내 세대간 갈등을 다루고 풀어갈 목회적, 공동체적 통찰력도 얻게 될 것입니다. 저는 이런 의미에서 예능교회의 성도 개인이 예배를 왜, 어떻게 드리려고 힘쓰고 있는지 나누는 것이 한국 교회에 유익하고 필요한 일이라고 봅니다.

Q. 그렇다면 예능교회 공동체가 예배에 대한 고민들을 어떻게 풀어내고 적용해 왔는지 간단하게 나눠주시면 좋겠습니다.

예능교회는 1970년대 초 구봉서 장로님 댁에서 하던 성경공부 모임에서 출발했습니다. 초창기에는 일반 성도보다 연예인, 영화감독, 음악인, 미술인, 건축가 등 예술인들이 많이 참여해서 지금까지도 '연예인교회'로 더 잘 알려져있지요. 90년대 초, '예수 능력'이라는 표현을 줄여 '예능교회'로 이름을 바꾸고 제가 담임목사로 부임하면서 자연스럽게 공동체에 변화가 일어나기 시작했습니다. 무엇보다 개인과 공동체 신앙의 질을 높이는 것이 중요하다는 판단 아래 철저한 양육체계를 세우는 데 주력했고, 새신자를 전도하는 것이 쉽지 않은 지역적 여건 속에서도 출석 성도 천칠백 명이 넘는 중형교회 공동체로 자라게 되었습니다.

특별한 비결이나 노하우 같은 것은 없습니다. 그저 매일 매일 하나님이 예능교회 공동체 가운데 원하시는 것이 무엇인지 고민하며 예능교회와 성도들의 변화와 성숙에 가장 잘 맞는 양육과정을 만들려고 노력한 것뿐입니다. 깊이 있는 훈련을 통해 '단단해진' 성도만이 이 땅에서 그리스도의 제자로 온전히 살아갈 수 있기 때문입니다. 하지만 이것은 강의와 소그룹 나눔만으로 할 수 없습니다. 하나님과의 만남이 있는 예배가 기초가 되어야 가능한 일입니다. 예능교회가 지금도 변함없이 '예배의 감격, 나눔의 은혜, 구원의 기쁨'을 소망하는 예배를 추구하는 것은 그 때문입니다.

공동체의 예배는 하나님과의 만남과 성도 간의 교제를 통해 영과 마음의 짐이 풀리고 새롭게 되는 축제가 되어야 합니다. 외적으로는 전통적인 찬송가와 현대적 복음송을 함께 사용하며 영상 미디어를 많이 활용하는 정도로 보일 수도 있습니다. 하지만 그 이면에는 예배에 참여하는 모든 사람이 목회자의 설교가 아니라 하나님과의 만남에 초점을 맞추고, 관객이 아니라 적극적으로 참여하는 예배자가 되어야 한다는 가치과 정신을 가지고 있습니다.

Q. 하나님과의 만남이 있는 예배를 소망하는 개인과 공동체에게 당부하고 싶은 말씀이 있다면 무엇입니까?

예배는 태생적으로 '문화적 요소'를 담고 있는 신앙적 행위이자 의식입니다. 문화는 옷과 같은 것이기에 언제든 필요에 따라 갈아입을 수 있고 갈아입어야 합니다. 이런 비본질적인 것을 놓고 대립하고 갈등하는 것은 멈춰야 합니다.

예배 갱신의 초점은 본질 회복, 즉 예배가 '예수 그리스도 안에 나타난 하나님 자신의 인격적인 계시에 대한 인간의 인격적인 믿음 안에서의 응답'임을 기억하고 행하는 것입니다. 이 책의 내용이 바로 그렇습니다. 이 책에는 예배의 형식이나 음악적 요소에 대한 언급은 전혀 없습니다. 그것은 시대의 흐름과 문화적 다양성 속에서 계속 변해가는 비본질적인 것이기 때문입니다. 그런데도 본질이 아닌 형식과 음악의 장르만을 따지고 앉아 있다면 형식과 껍데기만 중요시하는 외식에 빠지는 것입니다. 회중이 반응하지 않는 예배는 화석화된 모임일 뿐입니다.

예배의 본질이 흔들리지 않는 한, 우리는 시대적인 변화와 문화적인 변천에 따라 옷을 갈아입는 것을 더 이상 '맞고 틀림'의 논쟁으로 몰고 가지 말아야 합니다. 문화적 갈등은 여러 세대가 함께할 수 있는 통합적 예배 모델을 통해 해결할 수 있습니다. 그렇게 하기 위해서는 다음과 같은 실제적인 고민이 필요합니다.

- 통합적 예배로의 전환을 위한 예배 본질 교육
- 지속적이고 전방위적인 의사소통을 위한 변화의 시도

- 예배 리더십의 영성과 전문성 제고
- 예배 사역자들의 지속적인 훈련과 성장
- 공동체에 맞는 예배 형식과 노래, 음악에 대한 지속적인 고민과 시도

어느 것 하나 만만한 것이 없지만, 이 책의 내용만 충분히 숙지해도 절반 이상은 예배 갱신의 기초를 닦는 일이 될 것입니다.

창세기 2장의 서두 부분에는, 하나님이 엿새 동안의 창조 사역을 끝내시고 난 후 일곱째 날에 안식을 결정하시는 내용이 기록되어 있습니다. 이 말씀을 통해 하나님은 "일을 하신 다음 안식하셨다"라고 이해할 수 있습니다. 그러나 사람은 창조의 날 중 여섯째 날에 창조함을 받았기 때문에, 이후 사람이 맞이하는 첫날은 하나님이 안식하시며 복 주시며 거룩하다고 말씀하신 날, 즉 일곱째 날이 됩니다.

사람이 창조된 후 처음 맞는 날을 하나님이 안식하시는 날로 함께 보내었다는 것은 매우 의미 있는 메시지입니다. 이것은 곧 사람은 하나님이 정하신 안식을 함께 지키고 누리는 것을 삶의 첫 시작으로 삼아야 함을 의미합니다. 세상 달력은 월요일부터 시작되지만, 그리스도인의 달력은 주일부터 시작되는 이유가 바로 이것입니다. 따라서 하나님 안에서 참된 쉼(rest), 즉 '참된 예배'가 없는 사람은 나머지(rest)의 삶에서도 생명력(구원)과 참된 안정감(평안)을

누릴 수가 없습니다.

　우리 가운데 그런 예배가 회복되면 좋겠다는 마음으로 부족하지만 이 책을 여러분과 나누고 싶었습니다. 시대의 흐름과 문화의 변천에 따라 예배도 옷을 갈아입을 수가 있습니다. 그러나 예배의 본질은 결코 변할 수 없습니다.

　이 책에는 한 때 젊은이들과 함께 예배 사역자로서 헌신했던 경험과 지역교회 담임 목회의 경험, 그리고 예배 사역단체의 리더로서 고민과 경험, 이 시대에 하나님이 찾으시는 예배자에 대한 진정한 갈망이 담겨 있습니다. 그것이 이 책을 읽는 독자 여러분에게 온전히 전달되기를 간절히 기도합니다.

　끝으로 늘 저를 위해 기도해 주시고 기쁨으로 은혜를 함께 나누는 우리 예능교회의 모든 성도님들과 함께 이 책을 통한 기쁨을 나누고 싶습니다.

차례

추천의 글 · 04
여는 대화 : 예배는 만남이다 · 15

1부
만남의 혁명 : 우리에게 다가오시는 하나님

1장 하나님이 먼저 다가오신다 · 28
2장 예배, 하나님이 다가오시는 자리 · 43
3장 하나님과 만나야 할 이유 · 59
4장 하나님을 만나기 위해 필요한 것 · 72

2부
응답의 혁명 : 하나님께 나아가는 예배자

5장 믿음으로 나아가다 · 90
6장 기쁨으로 나아가다 · 105
7장 거룩함으로 나아가다 · 120
8장 아버지 사랑으로 나아가다 · 138
9장 친밀함으로 나아가다 · 160

3부

삶의 혁명 : 일상과 세상에 다가오시는 하나님

    10장 예배가 삶으로 확장되다 · 180

    11장 예배자의 삶에서 하나님을 읽다 · 197

    12장 형통케 하시는 하나님을 보다 · 212

    13장 그 자체가 감동인 삶 · 226

    14장 불확실성의 시대에 만난 참 평안 · 240

닫는 글: 예배를 축제로 경험하다 · 257

1부

만남의 혁명

· 우리에게 다가오시는 하나님 ·

1
하나님이 먼저 다가오신다

하나님과의 만남 예배의 성공이 곧 우리 삶의 성공 비결이라고 해도 과언이 아닙니다. A. W. 토저(Aiden Wilson Tozer, 1897~1963)는 "하루를 예배로 시작하는 사람은 결코 마귀가 건드릴 수 없는 권능자의 삶을 산다"라고 말했습니다. 하늘의 능력과 접속된 그리스도인의 삶은 영적 권세가 있는 삶이기 때문에, 마귀는 영과 진리로 예배한 후 교회 문을 나서는 성도를 가장 무서워합니다. 예배를 마칠 때 하는 목회자의 축도는, 세상을 하나님 나라로 정복하기 위한 성도의 거룩한 출정식을 의미하기 때문입니다.

우리는 예배의 성공자가 되기 위해서 먼저 예배의 본질을 잘 알아야 합니다. 예배가 무엇인지를 제대로 알지 못해 빗나간 예배를 습관적으로 드리는 교인들이 얼마나 많습니까! 이러한 사람은 하하나님 아버지께서 기뻐 받으시는 예배가 아니라 자기중심적인 예배, 이기적인 예배, 무의미한 예배를 지속하고 있는 것입니다. 열심보다 더 중요한 것이 무엇입니까? 방향입니다. 방향이 빗나간 열심은 달려갈수록 손해가 될 뿐입니다.

예배의 가장 중요한 본질적 의미는 '하나님과의 만남'입니다. 우리는 하나님을 예배하면서 찬송 중에 거하시는 하나님, 말씀하시는 하나님, 기도에 응답하시는 하나님, 성도들의 아름다운 섬김과 헌신 가운데 함께하시는 하나님을 만나야 합니다.

'만남'과 '마주침'의 차이를 아십니까? 진정한 만남은 상호간의 눈뜸입니다. 영혼과 인격의 진동이 없으면 그것은 만남이 아니라 한순간의 마주침입니다. 주중 예배모임 한 시간을 참여하면서도 형식적이며 습관적인 예배, 간절함과 사모함이 없는 예배, 사람 만나러 오는 예배, 단순히 일주일 동안 지은 죄만을 씻으러 오는 '세차장식의 예배'는 하나님과의 진정한 만남이라기보다는 그저 마주침일 뿐입니다.

사람들과의 만남도 그렇듯이 하나님과의 만남에 있어서도 피상적인 만남, 형식적인 만남, 의례적인 만남이 있는가 하면, 연인들의 만남처럼 아주 깊은 사귐이 있는 만남이 있습니다. 당신은 창조주 하나님, 구원의 하나님, 역사의 주관자이신 하나님과 어떤 차원의 만남을 갖고 있습니까?

사실 하나님과의 만남이 어떤 차원의 만남이냐에 따라서 우리 인생의 행복의 질이 달라진다고 볼 수 있습니다.

예배의 주도권   예배가 하나님과의 만남이라고 할 때 그 만남의 주도권, 즉 예배의 주도권은 누구에게 있습니까? 이것은 매우 중요한 문제입니다. 예배의 주도권이 바뀌면 곧 빗나간 예배가 되기 때문입니다.

예배의 주도권, 즉 만남의 주도권은 사람 편이 아니라 하나님 편에 있습니다. 죄인 된 인간이 스스로 하나님 앞에 나갈 수 있는 길은 전혀 없습니다. 오직 하나님 편에서 열어 놓으신 길을 통해서만 나갈 수 있습니다.

창세기 3장을 보십시오. 범죄한 아담이 하나님의 낯을 피하여 동산나무 뒤에 숨었습니다. 죄와 죽음의 공포에 떨고 있는 아담을 찾아오신 분이 누구입니까? 사실은 죄를 범한 인간이 먼저 하나님을 찾아가서 "하나님! 제가 죽을 죄를 지었습니다. 용서해주십시오!"라고 빌어야 했습니다. 그러나 죄를 범한 인간은 벌거벗은 수치를 스스로 모면하고자 나뭇잎으로 자신을 가리고 동산나무 뒤에 숨었습니다.

죄지은 최초의 인간에게 하나님의 음성이 들려옵니다.

"아담아 네가 어디 있느냐?"

아담이 어디 숨어 있는지를 몰라서 묻는 질문이 아닙니다. 이것은 인간 실존에 관한 질문이며, 장소가 아니라 상황을 묻고 계신 것입니다. 하나님은 벌거벗은 수치와 죄와 죽음의 공포에 떨고 있는 인생을 위하여 '가죽옷'(창 3:21)을 지어 입히십니다.

하나님은 죄인인 인간을 만나기 위해 하나님 편에서 희생의 값을 지불하시기로 결정하셨습니다. 결국 '가죽옷'은 죄 없는 동물의 피를 흘려 인간의 죄를 대속한다는 희생제사의 모형인 것입니다. 그리고 이는 훗날 하나님의 아들 예수께서 십자가에 달려 인간의 죄를 대속하기 위해 죽으신다는 영원한 희생제사의 모형이었습니다. 하나님이 범죄한 인간 아담을 먼저 찾아주시고 가죽옷을 입히시며, 그의 부끄러움과 수치를 가려주시고 만남의 길을 주도적으로 열어주신 것처럼 예배, 즉 만남의 주도권은 전적으로 하나님 편에 있음을 알아야 합니다. 누구도 하나님이 마련하신 길이 아니고서는 하나님 앞에 나갈 자가 없습니다.

전통적인 예배 프로그램의 첫 순서에 보면 '예배의 부름'Call To Worship이라는 것이 있습니다. 누가 누구를 부르는 것입니까? 인간이 하나님을 부르는 것이 아닙니다. 하나님이 범죄한 아담을 부르듯이, 죄의 부끄러움을 가려주시는 은혜를 베푸시면서까지 다시 만날 수 있는 길을 열어 놓으시고 우리 인간을 초청하시는 것입니다. 구약시대에는 동물을 제물로 한 피의 제사를 통해서 하나님을 만났습니다. 신약시대에 이르러서는 오직 예수 그리스도의 십자가 구속의 은혜를 통해서 하나님을 만나게 됩니다. 따라서 오늘날에도 예수 그리스도의 구속의 은혜를 거치지 않고는 그 누구도 하나님을 올바로 예배할 수 없습니다. 죄를 가려주시는 구속의 은혜를 경험할 때 비로소 하나님과의 진정한 만남이 가능한 존재가 되는 것입니다.

대속의 은혜를 경험하지 못한 사람도 예배당 안에 들어와 있을 수 있습니다. 그러나 그가 하나님을 온전히 예배하고 있는 것은 아닙니다. 그는 지금 하나님을 예배하고 있는 것이 아니라, 예배를 구경하고 있는 것인지도 모릅니다.

시골에서 살다가 처음으로 서울에 사는 아들네를 방문하게 된 한 노인이 무료한 시간을 보내고 있었습니다. 아들 내외는 바쁜 직장생활로 인해 노인을 모시고 나들이를 가거나 할 형편이 되지 않았습니다. 하루는 죄송한 마음에 아들이 노인에게 "심심하실 텐데 극장 구경이나 다녀오세요"라고 말하며 돈을 드렸습니다. 극장 구경을 한다는 것이 처음이긴 했지만 아들 내외의 성의를 고맙게 여긴 노인은 집을 나섰는데, 그 후 30분이 채 안 되어 집으로 돌아오신 것이었습니다. 아들이 의아해하며 "아니, 왜 벌써 돌아오십니까?" 묻자, 노인은 기분 좋은 표정을 지으며 이렇게 말했습니다.

"똑똑한 서울 사람들도 어리숙한 데가 있더구먼. 아니 글쎄, 내가 30분씩이나 여기저기 극장 구경을 하고 있는데도 그 바보 같은 사람들이 돈도 안 받지 뭐야! 덕분에 극장 구경 공짜로 잘하고 왔구먼."

노인은 아들이 말한 "극장 구경하고 오세요"라는 말의 의미를 오해해서 극장 건물만 구경하고 돌아온 것입니다.

지금은 많이 고쳐졌지만 많은 분들이 은연중에 '예배 본다, 예배 보러 가자, 예배 보고 왔다'는 식의 표현을 많이 사용합니다. 그러나 '예배 본다'는 말과 '예배한다'는 말은 전혀 그 의미가 다릅니다. '예배한다'는 것은 예배를 직접 행하는 '주체자의 입장에 서는 것'을 의미하지만, '예배 본다'는 것은 예배를 구경하는 '방관자의 입장에 있는 것'을 의미하기 때문입니다. 성도는 하나님께 예배하는 거룩한 제사장으로 부름받은 사람이지, 예배를 구경하는 방관자로 부름받은 사람이 아닙니다. 그래서 성경에서도 '예배한다'고 표현하고 있지 '예배 본다'는 표현을 하고 있지 않습니다.

어느 교회에서 집사 한 사람이 주일예배에 빠졌습니다. 목사님이 전화를 걸어 "오늘 예배에 왜 나오지 못하셨느냐?"고 물었습니다. 그 집사는 "목사님, 오늘 교회는 못 나갔지만, 예배는 보았습니다"라며 당당하게 대답했습니다. 그래서 "어디서 예배를 드렸느냐?"고 다시 물었더니 "예, 오늘 AFKN 방송을 통해서 미국의 어느 교회의 예배실황 중계를 보면서 잠깐 예배를 보고, 볼 일을 보았습니다"라고 대답하는 것이었습니다. 이 사람이야말로 예배한 것이 아니라 예배를 본 것입니다.

예배란 예수 그리스도의 중보로 말미암은 하나님과 인간의 만남이요, 교제입니다. 하나님의 구속에 대한 인간의 응답이 바로 예배입니다. 이 예배에는 찬양, 기도, 헌신이 있어야 합니다. 그런 의미에서 성도는 예배의 구경꾼이 되어서는 안 됩니다. 설교를 얼마나 잘하는지 들어보기 위해 혹은 성가대가 찬양을 얼마나 잘하는지 들어보기 위해, 교회에 나온다든가 자신을 드러내기 위해 교회에 나온다면 예배가 무엇인지 모르는 사람입니다. 또한 하나님을 만홀히 여기는 사람입니다.

강단과 회중들이 앉아 있는 자리 중 어디가 무대이고 어디가 관객석일까요? 언뜻 생각하면 강단이 무대이고 회중들이 앉아 있는 곳이 관객석 같지만, 예배적인 관점에서 보면 예배를 받으시는 분은 하나님 한분 뿐이시기에 예배의 유일한 관객이신 하나님이 계신 곳-목회자가 있는 자리-이 관객석이고 예배를 드리는 회중들의 자리가 바로 무대인 것입니다.

따라서 예배를 관람하거나 구경하는 사람이 된다면 실상은 하나님의 자리에 앉아 있는 영적 교만의 죄를 짓게 된다는 사실을 간과해서는 안 됩니다. 성경 이사야서에서는 이런 사람들을 '성전 마당만 밟고 가는 사람들'이라고 말합니다.

> 너희가 내 앞에 보이러 오니 이것을 누가 너희에게 요구하였느냐 내 마당만 밟을 뿐이니라(사 1:12).

예배는 인간의 아이디어가 아니라 하나님의 아이디어입니다. 내가 주일날 예배를 드리러 오지만 예배의 주체는 내가 아니라 하나님이십니다. 예배하도록 구원해 주시고 예배를 드릴 수 있도록 마음을 움직여 주시며, 예배를 드리도록 발걸음을 인도해주신 하나님의 선수적(先手的)인 은혜로 예배의 자리에 나올 수 있는 것입니다.

요한복음 4장 1-9절까지의 본문에서 수가성 우물가의 사마리아 여인을 찾아가는 분이 누구십니까? 예수님의 마음속에는 벌써 한 영혼을 건지시기 위해 사마리아로 가고자 하는 주도적인 의도가 있었습니다.

사마리아로 통과하여야 하겠는지라(요 4:4).
당신은 유대인으로서 어찌하여 사마리아 여자인 나에게 물을 달라 하나이까(요 4:9).

당시에 유대인은 사마리아인을 몹시 경멸하고 있었기에 말을 걸고 물을 달라 하는 것은 사마리아 여인에게 매우 의아한 일이었습니다. 그럼에도 불구하고 예수님은 사마리아에 있는 한 영혼을 건지시기 위해 발걸음을 옮기셨습니다. 이 예수님의 의도적인 만남이 없었다면 불행한 이 여인이 생수의 근원이신 예수님을 영접하고 하나님의 자녀가 되는 것은 불가능했을 것입니다.

지금도 여전히 하나님은 우리의 영혼을 찾아오셔서 만나주시고,

그 만남을 통해 회복을 경험하도록 역사하시는 그분 앞에 우리는 어떤 모습으로 반응해야 하겠습니까?

먼저 기억해야 할 것은, 하나님을 예배하도록 주도적인 구원의 역사를 이루신 하나님의 은총 앞에서 우리 스스로 예배를 좌지우지할 수 없다는 사실입니다. 자신의 기분과 날씨의 좋고 나쁨에 따라 교회를 오거나 적당히 늦은 시간에 자기 마음대로 교회에 오는 사람, 즉 예배의 주도권을 자기 마음대로 행사하는 사람은 아직도 예배의 본질을 깨닫지 못한 것입니다.

하나님을 만나는 예배의 복이 우리에게 주어진 것은 그 아들 예수 그리스도의 십자가의 거룩한 희생이 있었기 때문입니다. 그 십자가의 공로로 하나님과의 막힌 담이 허물어졌고 마음놓고 하나님의 보좌 앞에 나갈 수 있는 특권이 우리에게 주어진 것입니다. 뿐만 아니라 이 안식의 복을 이 땅에서 누리다가 언젠가 영원한 안식의 나라에 들어갈 약속도 받았습니다.

우리가 드리는 주일예배는 그 영원한 안식의 나라를 향하는 예행연습입니다. 세상의 삶을 멈추고 하나님의 성전으로 나아가는 이 모습은 언젠가 세상의 삶을 끝내고 영원한 천국에 들어가는 예행연습인 것입니다. 그런 점에서 교회는 하나님 나라를 가기 위해 준비하는 영적인 대합실인 셈입니다.

그래서 히브리서 기자는 그 성소에 들어오게 된 감격적인 은혜를 이렇게 증거합니다.

> 그러므로 형제들아 우리가 예수의 피를 힘입어 성소에 들어갈 담력을 얻었나니 그 길은 우리를 위하여 휘장 가운데로 열어 놓으신 새로운 살 길이요 휘장은 곧 그의 육체니라(히 10:19-20).

우리는 예수 그리스도의 보혈의 공로로 하나님을 예배하는 자리에 나올 수 있게 되었습니다. 성도들이 예배의 자리에 나와 사죄의 은총을 덧입고, 하나님의 은혜와 복을 누릴 수 있는 특권이 바로 하나님의 아들 예수 그리스도의 거룩한 희생으로 이루어졌다는 사실입니다. 그렇다면 그 은총에 대한 우리의 태도는 어떠해야 합니까?

예배, 삶의 중심 하나님께 드리는 예배가 세상 모임에 밀려서는 결코 안 됩니다. 만일 그리스도인들이 주일날에 골프나 등산이나 낚시나 사냥 등 몸을 위하고 쾌락을 위한 일로 예배를 드리지 않는다면, 하나님과의 만남을 갖고 살도록 하기 위해 독생자 아들이 피값으로 지불하신 하나님의 주도적인 사랑, 희생적인 사랑을 무색하게 만드는 것입니다.

어느 기독교 가정이 있었습니다. 매주일 아침이 되면 남편은 아내에게 이렇게 말했습니다.

"여보, 우리 둘 중에서 오늘은 당신이 대표로 교회에 나가기로 합시다."

그러던 어느 날 밤, 남편이 꿈을 꾸었습니다. 그는 자기 아내와 함께 죽어서 천국 문 앞에 서 있었습니다. 그런데 문지기가 이렇게 말하는 것이었습니다.

"당신들은 부부지요?"

두 사람은 고개를 끄덕였고, 문지기는 이렇게 말했습니다.

"그렇다면 잘되었군요. 당신들 둘 중에서 대표로 부인만 천국 문 안으로 들어가십시오."

가끔, 교회 청년들 중에 흐뭇한 웃음을 짓게 하는 이들이 있습니다. 그들은 토요일에 결혼식을 하고도 주일예배와 맡은 봉사의 의무까지 다 마친 후에 신혼여행을 떠나는 커플들입니다. 그들은 그리스도인들이 하나님 앞에서 무엇을 중심으로 삼고 살아야 하는지를 깨닫도록 좋은 본을 보여주는 젊은이들입니다.

반면 예배가 중심되지 못한 삶은 어떻습니까? 휘청거립니다. 누가 낚시하러 가자고 하면 낚시가고, 등산을 가자고 하면 등산가고 골프를 치러 가자고 하면 골프부터 먼저 칩니다. 예배가 삶의 중심이 아니라 예배를 액세서리 수준으로 생각하는 모습입니다. 하나님을 향한 경배가 전혀 없고, 하나님의 임재를 경험하지 못하고, 하나님의 능력의 손에 붙들려 살아가지 못하는 사람들은 휘청거리며 살아갈 수밖에 없습니다.

코페르니쿠스 이전에는 지구가 우주의 중심인줄 알았습니다. 그래서 태양이 동쪽에서 떠서 서쪽으로 넘어가는 줄 알았습니다. 모든 별들이 지구를 중심으로 떠돌아다니는 줄 알았습니다. 그러나 그것은 착각이었습니다. 우리가 살고 있는 이 지구는 태양계 위성 중 하나에 불과했습니다. 태양을 중심으로 지구가 돌아가고 있기 때문입니다.

예배에 승리하지 못하면, 모든 삶의 중심에 내가 서 있게 됩니다. 모든 판단의 중심에 내가 서 있게 됩니다. 모든 가치의 중심에 내가 서 있게 됩니다. 그러나 예배에 승리하면 중심축이 달라집니다. 하나님의 말씀 중심으로 살아가게 됩니다. 성령이 인도하는 대로 살아가게 됩니다. 하나님의 영광을 위하여 살아가게 됩니다. 하나님 중심으로 인생의 축이 달라지게 되는 것입니다.

마음의 태도　구약시대의 인물 중에 하나님을 예배하는 것을 최고의 기쁨과 영광으로 알았던 사람이 있었습니다. 그는 다름 아닌 하나님의 마음에 맞는 예배자 다윗이었습니다. 그는 인생의 위기 가운데서도 이런 고백을 합니다.

> 내가 여호와께 바라는 한 가지 일 그것을 구하리니 곧 내가 내 평생에 여호와의 집에 살면서 여호와의 아름다움을 바라보며 그의 성전에서 사모하는 그것이라(시 27:4).

다윗은 자신의 생명을 해하려는 원수의 위협을 피해 도망할 수밖에 없는 자리에서조차도 자신의 오직 한 가지 소원은 '하나님의 집에서 예배드리는 것'이라고 고백하고 있습니다.

> 주의 궁정에서의 한 날이 다른 곳에서의 천 날보다 나은즉 악인의 장막에 사는 것보다 내 하나님의 성전 문지기로 있는 것이 좋사오니(시 84:10).

그저 하나님의 집 가까이에 있는 것이 그의 간절한 소원이었으며, '아버지의 집에서 하루를 사는 것이 다른 곳에서 천 날을 사는 것보다' 아름답다고 노래하고 있습니다. 당신은 일주일 동안 세상에서 살다가 교회에 나와 예배드리는 한 시간이 스스로의 마음에 흐뭇하고 기쁨이 됩니까? 예배하는 한 시간이 다른 곳에서 천 시간을 보내는 것보다 더 즐겁고 기다려집니까? '잘 믿는다는 것'은 복잡하고 어려운 것이 아닙니다. 교회에 잘 출석하고 예배를 성심껏 잘 드리면 됩니다.

주일날 교회에 예배하러 가기 위해 목욕도 하고, 깨끗하고 단정한 옷을 준비하며 정성껏 헌금을 미리 준비하는 등 주일을 준비하는 태도는 매우 중요합니다. 또한 예배에 늦지 않도록 아침 일찍부터 준비하는 부지런함과 즐거운 마음을 갖는 것이 '잘 믿는 것'이라고 생각해도 전혀 틀리지 않습니다.

전 미국대통령이었던 지미 카터에 대한 유명한 일화가 있습니다. 그가 대통령 출마 선거 유세를 하고 있을 때입니다. 미국의 선거는 화요일에 치러지기 때문에, 선거 이틀 전인 주일날은 상상 이상으로 분주하고 바쁜 날입니다. 대통령 선거에서 한 표라도 더 얻기 위해 유세를 해야 함에도 불구하고 지미 카터가 빼놓지 않고 한 일이 있었습니다. 그것은 바로 자신의 고향인 조지아 주로 돌아가 자신이 섬기는 작은 교회에서 23년 동안 개근하며 가르치던 주일학교 아이들을 만나는 일이었습니다. 이 일은 선거가 있던 바로 그 주일에도 이루어졌습니다. 선거에서 한 표라도 더 얻기 위해 미국에서 가장 큰 교회에 갈 수도 있었겠지만, 지미 카터는 자신의 마음을 지켜냈던 것입니다.

아무리 바빠도 예배가 우선입니다. 하나님 앞에 바르게 예배하지 않는 우리의 삶은 의미가 없습니다. 사업을 경영하는 것도, 공부를 하는 것도 결국에는 아무것도 아닌 것입니다.

하나님을 떠나 세상으로 가면 내일이 없습니다. 소망이 없습니다. 그러나 하나님을 진정으로 예배하고 나면 새 힘을 얻게 됩니다. 예배를 통해서 생명의 열매가 맺힙니다. 삶의 열매를 맺게 됩니다. 하나님을 예배함에 있어서 성공자가 되어야 합니다. 예배에 실패하면 모든 것에 실패하는 것임을 기억하십시오. 하나님은 우리에게서 영과 진리로 예배 받기를 원하시며, 예배를 통해서 우리에게 복을 주기를 원하십니다.

성경 역사학자들이 이런 질문을 하는 것을 들었습니다.

"이스라엘이 안식일을 지켰는가, 안식일이 이스라엘을 지켰는가?"

이 말의 뜻은, 이스라엘 민족이 나라 없이 2천 년을 방황했었지만, 오랜 세월 동안 안식일을 부지런히 지켰더니 결국 안식일이 이스라엘 민족을 지켜주었다는 말입니다. 마찬가지로 우리가 교회에 와서 전심으로 하나님을 예배하고 교회를 섬기며 봉사하는 동안에 하나님이 내 생명과 내 명예와 내 영광과 내 사랑하는 가족을 지켜 주신다는 것입니다. 이 사실을 굳게 믿으십시오. 이것이 하나님을 예배하는 자가 누리게 되는 복입니다.

만남의 주도권을 가지고 나를 찾아주시고 불러주시고 만나주시는 하나님의 은총 앞에 형식적이고 피상적이며 의무적인 만남이 아닌 최선을 다하는 만남, 사모하는 만남, 즐거운 만남, 감격적인 만남, 뜨거운 만남으로 반응할 수 있어야 할 것입니다.

2
예배, 하나님이 다가오시는 자리

종교성과 우상숭배　조직신학자 벌코프(Louis Berkhof)는 인간을 가리켜 "치료 불가능한 종교적 존재"라고 말했습니다. 그 말을 달리하면 '인간은 종교적인 불치병을 갖고 있다'라고 말할 수 있을 것입니다. 즉, 인간이라면 누구에게나 종교적 본능이 있다는 것입니다. 그 이유가 신을 전제하지 않고서는 인간의 문화나 역사를 상상할 수 없기 때문입니다. 이런 현상을 어떻게 설명할 수 있습니까? 심지어 하나님을 믿지 않는 사람도 위기의 순간에는 이렇게 부르짖습니다.

'아이구 하나님!'

'하나님 맙소사!'

우리 인간에게는 누구를 막론하고 그 심령이 하나님을 찾고 있습니다. 왜냐하면 솔로몬이 전도서 3장에서 고백한 것처럼 하나님이 "사람에게는 영원을 사모하는 마음을 주셨기 때문"(전 3:11)입니다. 그래서 하나님을 믿지 않는 사람들도 무엇이든지 한 가지를 자기의 신으로 섬기는 것입니다. 그러나 십계명을 통해 하나님은 분명히 구원받은 당신의 백성들에게 "너는 나 외에는 다른 신들을 네게 두지 말라"(출 20:3)고 말씀하셨습니다. 하나님이 가장 싫어하는 것은 다른 신, 즉 우상을 숭배하는 것입니다. 이스라엘의 역사를 살펴보면 그들이 하나님을 떠나 우상숭배를 했을 때, 하나님은 반드시 그들에게 벌을 내리셨습니다. 그럼에도 불구하고 우상숭배는 지금까지도 지속되고 있습니다.

인도의 4억 불교도들은 5밀리미터 가량의 퇴색하고 지저분해진 송곳니 하나를 세상에서 가장 거룩한 성물이라며 섬기고 있습니다. 그것은 주전 543년 석가모니의 화장터에서 얻은 것으로, 800년 후 실론 섬으로 옮겨졌습니다.

지금 그 송곳니는 실론의 칸디에 있는 이빨 성전의 황금 연꽃 위에 놓여 있습니다. 해마다 각국의 수십 만의 불교도들이 그 송곳니를 보기 위해서 모여들고, 황금 보석과 많은 예물을 그 성전에 바친다고 합니다. 인간에게 아무런 위로와 기쁨을 주지 못하는 퇴색해 버린 그 이빨 하나가 수많은 불교도들에게는 마치 신처럼 떠받들여지고 있습니다.

얼마나 어리석은 인간의 모습입니까? 우리는 이와 같은 원시적인 우상숭배는 안 할지라도, 자칫하면 자신도 모르는 사이에 우상숭배자가 될 수 있습니다. 사도 바울은 골로새서에서 이렇게 말씀합니다.

> 탐심은 우상숭배니라(골 3:5).

만일 우리가 하나님보다 하나님이 만드신 자연을 더 사랑하고, 건강을 더 소중히 여기고, 스포츠와 오락을 더 좋아하고 과학과 지식을 더 신뢰하고, 쾌락을 더 사랑하고 인기나 호평을 더 좋아하고, 돈을 사랑한다면 우리는 분명히 십계명의 제1계명을 범하고 있는 것입니다. 그래서 아우구스티누스는 "인간의 비극은 종종 사랑해야 하는 대상을 사용하고, 사용해야 하는 대상을 사랑하는데 있다"고 충고했습니다. 사랑해야 하는 이웃이나 친구를 자신의 이기적인 목적을 위해 이용하고, 사용해야 할 물질이나 권세나 명예를 사랑의 대상으로 삼기 때문에 비극이 찾아온다는 말입니다. 그러나 더 큰 문제는 영원한 사랑의 대상이며 예배의 대상인 하나님마저도 내 편리의 도구로 전락시키고 하나님의 뜻대로 사용하라고 주신 은총의 선물들을 너무나 사랑하며 사는 것입니다.

예배의 대용품　요한복음 4장 16-19절까지의 본문은 앞장에서 이어지는 말씀입니다. 예수님은 의도적으로 사마리아 땅에 죄의식과 고독과 절망 속에 살아가고 있는 한 여인을 구원하시기 위해 발걸음을 옮기셨습니다. 물 한 잔 달라고 하시면서 생수를 소재로 대화를 풀어내시더니 예수님은 여인에게 이렇게 말씀하십니다.

> 가서 네 남편을 불러오라(요 4:16).

여인이 "나는 남편이 없나이다"라고 대답합니다. 그러자 예수님은 그 여인이 살아온 모든 과거사를 단번에 꿰뚫어보시며 이렇게 말씀하십니다.

> 네가 남편이 없다 하는 말이 옳도다 너에게 남편 다섯이 있었고 지금 있는 자도 네 남편이 아니니 네 말이 참되도다(요 4:17-18).

여인은 이렇게 고백합니다.

> 주여 내가 보니 선지자로소이다(요 4:19).

주님이 이 여인에게 하신 말씀을 예배적 관점에서 살펴보겠습니다.

너에게 남편 다섯이 있었고 지금 있는 자도 네 남편이 아니니

(요 4:18).

　이 여인이 남편을 다섯이나 둔 모습에서 우리는 무엇을 깨달을 수 있습니까? 인간은 참 예배의 대상이신 하나님을 만나기 전까지는 마음의 공허함을 달래기 위해 예배할 대용품을 찾는다는 것입니다. 사마리아 여인은 우물가에서 생수의 근원이신 예수님을 만나기 전까지는 다른 것을 예배하고 있었습니다. 여인에게 있어서 남편은 사랑의 대상입니다. 그런데 그 여인은 과거에 남편이 다섯이나 있었음에도 불구하고 지금 또 다시 남의 남편을 자기 사랑의 대상으로 삼고 있는 것입니다. 참 예배의 대상인 하나님을 만나지 못한 인생은 이 사마리아 여인처럼 하나님 대신 세상의 것들을 사랑의 대상으로 삼고 살아갑니다. 그러다가 싫증이 나면 남편을 바꿔치기 한 여인처럼 또 다른 세상의 것을 사랑합니다. 그것을 섬기고 그것에 머리를 조아리고 그것에 최고의 가치를 부여하고 살아가는 것입니다.

예배, 최상의 가치를 돌려드리는 것　여기서 잠깐, 예배의 어원적 의미를 살펴봅시다. 예배를 뜻하는 원어인 히브리어 '아바드와 샤하'는 '섬긴다, 부복한다'는 뜻이고 헬라어 '프로스퀴네오($προσκυνεω$)', '라트레이아($λατρεία$)'는 '경배한다, 받들어 섬긴다'는

뜻을 가지고 있는데, 이것들은 종(從)들이 주인(主人)을 섬길 때 사용되기도 하는 단어입니다. 이 단어들이 사용될 당시 종들의 모습을 살펴보면, 주인을 섬길 때 무릎을 꿇고 주인의 발에 입맞춤함으로 자신의 신분을 인정하고 주인에 대한 충성심을 표현했습니다. 자기 주인의 발에 입맞추고 섬기는 순간, 종에게는 자기의 자존심이나 인격은 부인되고 버려집니다. 오직 그의 주인만이 영광을 받습니다.

'예배(Worship)'라는 단어도 바로 이와 같은 의미를 갖고 있습니다. 예배의 영어 표기인 '워십(Worship)'은 '가치'의 의미를 지닌 'Worth'와 '신분'의 의미를 지닌 'Ship'의 합성어입니다. 그래서 '예배'라는 단어는 '자신이 가장 아끼고 높이며 사랑하는 대상에게 최고의 가치(Worth)를 돌려드린다'는 의미를 가지고 있습니다. 따라서 인간이 하나님께 최고의 가치와 그에 합당한 영광을 올려드리고자 할 때, 그 자리에서 우리 자신은 부인되고 오직 하나님만 드러나야 하는 것입니다. 이런 예배가 하나님이 기대하시는 참 예배이며, 이런 예배를 드리는 자가 하나님이 찾으시는 참 예배자인 것입니다.

빗나간 예배의 대상 다시 요한복음 4장의 본문으로 돌아가겠습니다. 사마리아 여인은 참 예배의 대상이신 주님을 만나기 전까지 누구를 예배하고 있었습니까? 이 여인이 경배하고 섬기며 최상의 가치를 두고 있었던 대상은 하나님보다 더 사랑하는 다섯 남편이었습니다. 그렇다면 사마리아 여인이 섬겼던 다섯 남편을 현대적인 개념으로 바꾸어 본다면 어떤 것이 있겠습니까? '돈'이란 남편, '지식'이란 남편, '명예'라는 남편, '권력'이란 남편, '정욕'이란 남편으로 규정하고 싶습니다. 사실 오늘날에도 몸은 교회를 나오지만, 세상 즐거움의 도구들인 낚시, 바둑, 골프, 등산, TV, 비디오 등에 마음을 빼앗긴 분들이 많습니다. 이 세상적인 것들이 주님을 만나는 것보다 더 소중하게 여겨진다면 사실 우리는 그것들을 예배하고 있는 것입니다.

어떤 이민교회에서 있었던 일입니다. 교인들이 주일 예배를 드리지 않고 골프를 치러가는 일이 많아지자 목사님이 걱정을 하면서 "제발 주일에는 골프장에 가지 말라"고 당부를 했답니다. 얼마 후 '적어도 이 사람만큼은 내 말을 듣겠지' 하며 신뢰하고 있던 어느 집사님이 주일에 골프장에 간 사실을 목사님이 알게 되었습니다. 자신이 믿었던 집사님이었기에 목사님은 너무도 실망스럽고 화가 나서 그 이유를 물었습니다. 그 집사님이 이렇게 대답했답니다.

"교회에 가서 예배를 드리면 몸은 교회에 있는데 마음은 골프장에 가 있고, 골프장에 가면 몸은 골프장에 있는데 마음은 교회에 가 있으니 목사님, 몸과 마음 중 어느 쪽이 교회에 가는 것이 좋겠습니까? 하나님은 중심을 보시는 분이신 줄 알기에 아무래도 저의 몸보다는 저의 마음이 교회에 가는 쪽이 더 낫다고 여겨서 골프장에 간 것입니다."

어느 교회의 집사님은 남편 때문에 골머리를 앓고 있었습니다. 안수집사라는 분이 내일 모레가 장로 투표 날인데도 기도하거나 성경을 읽지 않고 TV 앞에 앉아 야구중계에만 온 정신이 팔려 있는 것입니다. 잔소리도 소용없자 집사님이 하루는 용기를 내서 TV에다가 이런 글을 붙여놓았다고 합니다.

〈TV 23편〉

TV는 나의 목자시니 내게 부족함이 없으리로다
그가 나로 하여금 푸른 쇼파에 누이시며
오락과 정욕의 길로 인도하시는도다.
내 육신을 기름지게 하시며
그의 이름을 위하여 아무 할 일이 없게 하시는도다.
세상의 잡다한 것을 무수히 알게 하시며
모든 자극으로부터 무디게 하시며
말씀으로부터 멀어지게 하시며
기도의 시간을 빼앗아가시니
내 잔이 텅텅 비어가나이다.
그런대로 재미있고 흥미 있는 일들이 정녕 나를 따르리니
내가 TV보며 영원히 집구석에 거하리로다.

예배의 대상이 빗나가는 경우는 세상적인 것뿐만 아니라 하나님보다 사람을 우위에 두고 있는 경우도 마찬가지입니다.

프랑스의 루이 14세가 왕으로 있을 때의 일입니다. 어느 주일에 왕과 왕족들이 교회에 도착했는데, 교회에는 왕실 설교자인 프넬론 대주교 외에는 아무도 없었습니다. 자리가 텅 비어 있는 것을 보고 놀란 왕은 모든 교인들이 다 어디에 갔기에 오늘 아침에는 아무도 출석하지 않았는지 그 이유를 물었습니다. 그러자 프넬론 대주교는 "폐하께서 오늘은 이곳에 예배하러 오시지 않을 것이라고 광고했습니다. 왜냐하면, 저는 누가 하나님께 예배하러 오는지, 폐하께 아첨하러 오는지 알고 싶었기 때문입니다"라고 대답하였습니다.

오늘날도 이와 비슷한 일들이 많이 있습니다.

미국 워싱턴의 백악관 옆에 있는 교회에는 요즘도 계속 "이번 주에 대통령이 교회에 나오십니까?" 하고 묻는 전화가 많이 와서 교회 목사님은 이렇게 대답하신다고 합니다. "대통령은 나오실지 안 나오실지는 잘 모르겠지만 하나님은 늘 출석하고 계십니다."

뉴욕의 한 교회에서 있었던 일입니다. 헨리 워드 비처(Henry Ward Beecher)라는 유명한 설교자가 주일 설교를 하게 되자 교회는 이 사실을 대대적으로 홍보했답니다. 그러나 갑작스런 질병에 걸린 헨리 워드 비처는 교회와 의논하여 자기 대신 그의 동생인 토마스 비처(Thomas Beecher)를 주일 설교자로 보내게 되었습니다. 주일 아침 교회는 헨리 워드 비처가 올 것을 기대한 교인들로 초만원을 이루게 되었습니다. 예배가 시작되었고 설교 순서가 되자 담임 목사님이 사정을 설명하고 토마스 비처를 설교자로 소개하였습니다. 그런데 이때 여기저기서 웅성거리며 여러 교인들이 일어나서 나가는 모습을 보고 토마스 비처는 이런 유명한 말로 설교를 시작했다고 합니다.

"저의 형님이 갑작스런 병환으로 오늘 이 예배에 못 오게 됨을 대신 사과드립니다. 그러나 오늘 저는 특별한 광고를 드리고 말씀을 증거할까 합니다. 지금 예배 중간에 일어나시고 있는 분들 말고 혹시 또 헨리 워드 비처를 예배하기 위하여 오신 다른 분들이 계시다면 지금 이 시간에 다 퇴장(excuse)해 주시면 감사하겠습니다. 왜냐하면 우리는 오늘 헨리 워드 비처가 아닌 하나님을 예배하기 위하여 이 자리에 모였기 때문입니다."

예배당은 다시 조용해졌고 그날의 예배에는 특별한 성령의 기름 부으심이 있었다고 합니다.

누군가를 예배한다는 것은 그가 나의 삶의 중심이 되었다는 뜻입니다. 그에게서 나의 삶의 의미와 가치를 발견하게 되었다는 뜻입니다. 그와의 관계에 의해 내 삶의 방향과 질이 결정된다는 뜻입니다. 대통령도 대권을 얻는 것에 자신의 생애의 모든 것을 걸었다면 그는 권력을 예배하는 것입니다. 학문 연구에 생애를 바치거나 예술만을 최고의 가치로 여기고 살았다면 그 사람은 바로 그것을 예배하고 있는 것입니다. 좋아하는 가수나 영화배우나 애인의 죽음 앞에서 자신의 삶이 끝났다고 여긴다면 바로 그 사람을 예배하고 있었던 것입니다.

중국의 장국영이라는 배우가 자살했을 때 청소년 중에 따라 자살한 아이들이 있었습니다. 장국영이라는 배우는 자살한 청소년의 우상이자 예배의 대상이었던 것입니다.

하나님이 아닌 다른 것을 소중히 여기며 거기에 더 큰 가치를 부여하고 머리를 조아리면서 정작 하나님에게는 특정한 시간, 정한 공간에서 특정한 절차에 따라 종교 행위만 반복하고 있다면, 그것을 참된 예배라고 말할 수는 없습니다. 예배는 신앙의 액세서리가 아닙니다. 부처한테 빌 듯 그저 한 번 자신을 수양하기 위해 교회에 나가는 수양 종교가 되어서는 안 됩니다. 일종의 카타르시스용 예배가 되어서도 안 됩니다. 오직 주님만을 만나러 나오는 예배, 주님만을 높이는 예배가 되어야 합니다.

We Only Worship GOD 예배사역단체 〈한국 다리놓는사람들〉에서 매년 8월에 예배인도자 컨퍼런스를 개최하고는 했습니다. 약 1,500명의 젊은이들이 함께 모여서 예배하고 강의를 들으면서 예배자의 영성과 사역자의 자질을 배우는 행사입니다. 이 행사에서 사용하는 표어가 있습니다.

"우리는 예배를 예배하지 않습니다. 우리는 하나님만을 예배합니다. We don't worship worship, we only worship God."

무슨 뜻입니까? 우리는 성가음악을 연주하지만 음악을 예배해서는 안 된다는 것입니다. 주님을 찬양하는 도구로 쓸 수는 있지만, 예컨대 드럼이나 기타나 신디사이저나 오르간이나 피아노를 예배해서는 안 된다는 것입니다. 곡조를 따라 입으로 노래를 하지만 곡을 예배해서는 안 됩니다. 인간의 열심이 앞서면 예배의 주인공을 놓칠 수가 있습니다.

그래서 독일의 저항 신학자였던 본회퍼는 "교회에서는 화음이 있는 노래를 하지 말고 오직 단성으로 노래하라"고 강조한 바 있습니다. 왜냐하면 화음을 넣어 아름다운 하모니를 만들어 찬양하는 동안 찬양의 주인공이신 예수님을 잊어버린다면 그 순간 예배의 대상이 빗나가기 때문이라는 것입니다. 화음에 도취되는 순간, 우리는 주님을 예배하는 대신에 음악을 예배하는 자로 전락합니다. 찬양을 하든지, 연주를 하든지 주님만 생각하고 주님만 높이고 주님께 집중하는 예배가 되어야 합니다.

예배의 대상은 오직 주님뿐임을 기억하십시오.

> 나는 여호와니 이는 내 이름이라 나는 내 영광을 다른 자에게, 내 찬송을 우상에게 주지 아니하리라(사 42:8).

그러므로 어느 누구도 그 무엇도 절대로 하나님의 영광을 가로채서는 안 됩니다. 그래서 A. W. 토저는 이런 말을 했습니다. "하나님을 최고로 알지 아니하는 한 아무도 그를 올바로 경배할 수 없다."(A.W. 토저 『이것이 예배이다』)

성경에서 주님만을 최고의 경배 대상으로 높여드렸던 하나님의 사람들을 예로 들어봅시다. 창세기 22장에 기록된, 100세에 주신 아들 이삭을 '모리아 산'에서 하나님께 제물로 바치려했던 아브라함을 첫 번째로 꼽을 수 있을 것입니다. 사실 아브라함에게 아들 이삭은 그 자신의 미래요, 하나님이 주신 최고의 사랑의 선물이었습니다. 자신의 목숨과 바꾸어도 아깝지 않은 존재였습니다. 그런 이삭을 하나님이 제물로 바치라고 명령하시자 아브라함은 믿음으로 순종하며 시험을 이겨냅니다.

아브라함이 자신의 아들을 묶어 놓고 칼로 내리치려 할 때, 갑자기 하나님은 아브라함을 막으시면서 말씀하십니다.

> 그 아이에게 네 손을 대지 말라 그에게 아무 일도 하지 말라 네가 네 아들 네 독자까지도 내게 아끼지 아니하였으니 내가 이제야 네가 하나님을 경외하는 줄을 아노라(창 22:12).

아브라함은 자신과 사라의 죽은 태에서 생명의 기적을 베푸신 최고의 은혜에 보답하고자 100세에 얻은 가장 소중한 아들을 제물로 바칠 만큼 순종함으로 하나님께 최상의 경배를 올렸습니다. 그 결과 하나님은 자손만대가 복을 받는 최고의 복으로 응답해주셨습니다.

> 네가 이같이 행하여 네 아들 네 독자도 아끼지 아니하였은즉 내가 네게 큰 복을 주고 네 씨가 크게 번성하여 하늘의 별과 같고 바닷가의 모래와 같게 하리니 네 씨가 그 대적의 성문을 차지하리라 또 네 씨로 말미암아 천하 만민이 복을 받으리니 이는 네가 나의 말을 준행하였음이니라 하셨다 하니라(창 22:16-18).

신약성경에서는 자신의 결혼 지참금에 해당하는 소중한 옥합을 깨뜨려 주님께 향유를 부어드린 마리아를 떠올려볼 수 있습니다. 병들어 죽었던 자신의 오라비 나사로를 살려주신 은혜를 마리아 역시 최상의 가치로 예수님께 돌려드렸습니다. 아브라함이나 마리아는 주님보다 더 큰 가치로 여긴 것이 없었던, 하나님이 찾으시는 참된 예배자들이었습니다.

그렇다면 당신은 무엇을 자신의 인생에서 최고의 가치로 여기고 있습니까? 아브라함처럼 내 자식보다, 아니 내 목숨보다 주님을 최상으로 여기고 있습니까? 마리아처럼 귀한 물질보다 주님을 최상으로 여기고 있습니까? 아니면 나를 창조하시고 나를 구원하신 하나님보다 그분이 주신 선물을 최상의 가치로 여기고 그것을 숭배하고 있습니까?

오늘날에도 우리가 십계명의 제1계명을 전심으로 지켜야 하는 이유가 무엇입니까?

> 너는 나 외에는 다른 신들을 네게 두지 말라(출 20:3).
> 나는 너를 애굽 땅, 종 되었던 집에서 인도하여 낸 네 하나님 여호와니라(출 20:2).

우리가 하나님보다 가치를 두고 섬기는 것이 있다면 그것이 바로 우상입니다. 그런 우상이 우리 앞에 있어서는 안 될 중요한 이유는 출애굽의 은혜처럼 독생자 예수 그리스도를 통해 우리를 죄와 사망에서 해방시키신 선수적인 은혜가 있기 때문입니다. 독생자 예수님을 십자가에 내어주신 최고의 사랑으로 나의 죄를 씻어주시고 그로 인해 하나님의 보좌 앞에 나아가 하나님을 만날 수 있는 예배자로 회복시켜 주신 은혜를 안다면, 어떻게 다른 것을 주님보다 높일 수 있겠습니까?

> 주 예수 보다 더 귀한 것은 없네
> 이 세상 부귀와 바꿀 수 없네
> 영 죽을 내 대신 돌아가신 그 놀라운 사랑 잊지 못해
> 세상 즐거움 다 버리고 세상 자랑 다 버렸네

주 예수보다 더 귀한 것은 없네
예수 밖에는 없네(찬송가 102장)

다시 요한복음 4장의 본문으로 돌아가보면 사마리아 여인은 주님과의 대화가 깊어지면서 그분이 진정 누구인지를 알게 됩니다. 처음에는 '당신', 그 다음에는 '선지자', 그 다음에는 기다리던 메시아, 즉 '그리스도'임을 고백하고 이전에는 만나기조차 꺼렸던 동네 사람들에게 뛰어가 그리스도를 만난 감격을 증거합니다.

여전히 예수님이 어떤 분인지 잘 모르겠다면 수가성 우물가의 여인처럼 주님과의 깊은 만남의 자리로 나가야 합니다. 나의 모든 것을 아시는 주님께서, 내 인생 가운데 들어오셔서 만남의 주인공, 즉 예배의 유일한 대상이 되어주실 것입니다.

우리가 예수님이 어떤 분인지 깊이 알게 된다면, 이제껏 섬기던 세상의 남편들을 내려놓고 영원한 우리의 신랑 되신 예수님만을 진정으로 섬길 예배의 대상으로 고백하게 될 것입니다. 이 거룩한 결단을 통해 아브라함에게 주신 하나님의 복이 우리에게도 흘러넘치게 될 것입니다.

3
하나님과 만나야 할 이유

어떤 남자가 사랑하는 사람의 집에 와서 대문을 두드립니다.

"누구십니까?"
"나예요(It's me!)"

그러나 여인은 문을 열어주지 않습니다. 다음날도, 그 다음날도 문을 열어주지 않습니다. 그러다가 남자가 뭔가를 깨달았습니다. 역시 그날도 동일하게 여인은 묻습니다.

"누구십니까?"
남자가 대답합니다.
"바로 당신입니다(It's you)!"

그때야 비로소 그 여인의 집 대문이 열렸답니다. 무엇을 이야기합니까? 사랑하는 대상의 마음의 문을 열려면 나의 입장에서 다가갈 것이 아니라, 상대방이 무엇을 원하는지에 초점을 맞추어야 한다는 교훈입니다.

언젠가 어버이 날을 맞이해서 장인 장모님을 모시고 저녁식사를 한 적이 있습니다. 두 분은 저녁이고 하니 부드러운 음식을 먹자고 하셨지만, 좋은 날인데 고기를 드셔야 된다고 우겨서 고기집에 모시고 갔습니다. 그런데 그날 나온 고기가 얼마나 질긴지 저도 먹기 힘들 정도였고 두 분은 당연히 드실 수 없었을 것입니다. 두 분이 원하시는 대로 해드릴 걸 하고 후회를 했었습니다. 그러면서 저는 인생의 중요한 교훈을 깨달았습니다. 감동을 주는 삶은 내가 아무리 인생을 아름답고 깊이 있게 살고, 내가 아무리 옳다고 할지라도 결코 내 뜻대로 되지 않는다는 사실을 말입니다.

우리는 아이언 사이드(H. A. Ironside)가 했던 말에 귀 기울일 필요가 있습니다. "다른 사람의 발을 씻기려고 한다면 그 물의 온도에도 신경을 써야 한다."(『제자훈련 교재』, 국제제자훈련원) 다른 사람의 발을 씻기려고 하면서, 펄펄 끓는 물이나 차가운 얼음물을 준비하면 어떻게 되겠습니까? 진정 남의 발을 씻기려면 물이 너무 뜨겁지도 너무 차갑지도 않은 물을 준비해야 할 것입니다. 다른 사람을 위해 수고하고 애쓰는 것은 매우 아름다운 일입니다. 그러나 상대방의 마음을 헤아리지 못하고 자기 주관대로 봉사할 때 오히려 상대를 실족시킬 수 있다는 사실을 명심해야 합니다. 그래서 열심히 사는 것도 중요하지만, 열심보다 더 중요한 것은 방향이라는 사실입니다. 올바른 방향이 아닌데 아무리 달려간들 무슨 소용이 있겠습니까? 그래서 '방향이 빗나간 열심은 달려갈수록 오히려 손해다'라는 말이 나온 것 같습니다.

사람들과의 아름다운 관계를 맺고 살기 위해서는 상대방이 기뻐하고 즐거워하는 것이 무엇인가에 대한 방향 감각을 찾아야 합니다. 연말이 되면 고아원, 양로원이나 장애인 기관에 찾아가는 사람들이 평상시보다 많아집니다. 이런 기관에서 일하시는 분들의 이야기를 들어보면 "제발 일 년 내내 나누어서 찾아왔으면 좋겠다"는 것입니다. 연말에 한꺼번에 몰려와서 선물을 주고는 그때마다 예배를 드리자고 하니, 고아원에 있는 아이들이나 양로원에 있는 분들, 특히 장애인 기관에 있는 분들은 몸 한 번 움직이기도 힘든데 얼마나 피곤하겠습니까? 자기중심적인 열심은 다른 사람을 피곤하게 합니다. 그래서 '다른 사람의 발을 씻기려면 물의 온도에도 신경을 써야 한다'는 말은 우리가 행복한 삶, 감동을 주는 삶을 이루어가는 데 반드시 적용해야 할 삶의 지혜인 것입니다.

이것은 인간관계에만 적용되는 것은 아닙니다. 우리가 하나님 앞에 살아갈 때에도 마찬가지입니다. 열심히 산다고 모두가 의미 있는 인생을 사는 것은 아닙니다. 진정으로 의미 있는 인생, 후회 없는 인생, 가치 있는 인생을 사는 비결은 결코 내가 세운 인생의 목표를 따라 최선의 인생을 사는 것이 아닙니다. 오직 나를 창조하시고 구속하신 하나님의 뜻과 나를 향한 하나님의 소원을 따라 인생을 사는 것입니다.

우리가 하나님께 예배를 드릴 때에도 '누구를 위한 예배인가, 무엇을 위한 예배인가?'에 대한 방향을 분명히 하고, 목적의식을 분명히 하지 않으면 잘못된 예배를 드릴 수 있다는 것을 명심해야 합니다.

가장 순수한 사랑은 그 사랑의 목적이 자기 자신을 위하는 데 있지 않습니다. 진정한 사랑은 나로 인해 상대방이 기뻐하고 행복하며, 즐거워하고 만족하는 것을 볼 때 더 기뻐하고 감사하는 것입니다. 그러나 나의 만족과 기쁨과 야망을 이루기 위해 상대방을 사랑한다면 그것은 참 사랑이 아니며 그 만남은 이미 순수한 동기와 목적에서 변질된 것입니다.

부모 자식 간에도 마찬가지입니다. 자녀들이 어릴 때에는 부모님의 이런저런 도움을 받으며 자라납니다. 그러나 장성하여 결혼하고 독립된 삶을 살아갈 때에는 부모를 만나는 목적이 길러주신 은혜와 사랑에 감사하고 보답하는 마음으로 부모님의 여생을 즐겁게 해드리려는 효(孝)를 위한 것이어야 할 것입니다. 그런데 장성한 후에도 자식이 부모를 찾는 목적이 여전히 뭔가를 얻어낼 생각뿐이라면 어떻게 그 만남에 진정한 기쁨과 행복이 깃들 수 있고, 부모의 마음을 감동시킬 수 있겠습니까?

옛말에도 조상들에게 하는 제사를 빗대어 "제사에는 관심이 없고 젯밥에만 관심이 있다"고 했습니다. 이 속담은 우리가 진정한 사랑의 대상이며 유일한 참 예배의 대상이신 하나님 앞에 나올 때도 적용되는 것입니다.

어느 주일 아침, 전보다 많은 사람들이 예배당에 모였습니다. 외국에서 선교 활동을 하던 목사님이 예배 중에 선교 보고를 할 예정이었기 때문입니다. 사람들은 그날따라 더욱더 뜨겁게 찬양하고 말씀을 들었습니다. 드디어 선교 보고가 시작되었고 사람들은 웃기도 하고 울기도 하며 살아 계신 하나님께 경배드렸습니다. 참으로 감동적인 예배였습니다.

예배가 끝나자 한 어린 학생이 선교사를 꼭 만나고 싶다고 했습니다. 사람들은 장차 허드슨 테일러나 언더우드 같은 훌륭한 선교사가 이 교회에서 나올지도 모른다는 생각에 참으로 흐뭇해했습니다. 선교사가 아이의 머리를 쓰다듬으면서 말했습니다.

"그래, 너는 어린데도 예배를 잘 드리고 선교에 대해 관심이 많은 모양이구나. 내가 무얼 도와주면 되겠니?"

아이는 반짝거리는 눈으로 선교사를 바라보면서 대답했습니다.

"외국에서 오래 생활하셨는데, 혹시 외국 우표를 많이 가지고 계시면 저에게 좀 주실 수 없나요? 저는 우표 수집이 취미거든요."

(『참으로 예배하는 자입니까』, 최혁)

어떤 사람이 자기가 출석하는 교회의 초신자들을 대상으로 교회 출석 동기를 조사했습니다. 그들은 아직 거듭나지 못한 채 교회를 건성으로 다니는 부류였는데, 20대는 주로 교제를 위해, 30대는 신령한 지식탐구를 위해, 40대는 소속감을 갖고 싶어서, 50대는 집사, 권사, 장로 등의 명예를 갖고 싶어서, 60대는 먹는 재미로 교회에 출석한다는 통계결과가 나왔다고 합니다. 마지막으로 70대는 자신의 사후 장례식을 대비하기 위해 나온다고도 했답니다. 당신은 어떤 목적으로 교회에 출석하며, 어떤 목적으로 예배를 드립니까?

예배를 뜻하는 헬라어 '프로스퀴네오(προσκυνεω)'는 존경의 표시로, 무릎을 꿇거나 엎드리는 것을 의미합니다. 이것은 예배가 무언가를 받고자 하는 것이 아니라 드리는 것임을 강조하고 있습니다. 하나님으로부터 지음 받은 피조물이라면 나를 지으시고, 독생자 예수님을 통해 나를 구원하신 하나님께 감사와 찬송과 영광을 올려드리는 것이 마땅하다는 것입니다.

누가복음 15장을 보면, 우리가 잘 아는 탕자의 비유가 있습니다. 돌아오는 탕자를 아버지는 어떤 모습으로 영접했습니까?

> 아직도 거리가 먼데 아버지가 그를 보고 측은히 여겨 달려가 목을 안고 입을 맞추니(눅 15:20).

이 말씀을 통해 우리는 회개하고 돌아오는 죄인을 품어주시는 하나님 아버지의 사랑을 엿볼 수 있습니다. 뿐만 아니라 아버지는 자신의 재산을 탕진한 아들을 위해 새 옷을 입히고 새 신발을 신기고 살진 송아지를 잡고 잔치를 벌입니다.

예수님의 십자가 사건은 바로 아버지의 품으로 돌아오는 죄인들을 향해 두 팔을 벌리고 기다리시는 사랑의 초대입니다(I love you this much). 십자가 사건을 통한 만남의 회복이 예배의 부르심이며, 죄인을 당신의 품으로 부르시는 하나님의 입맞춤이라면 우리는 어떤 목적으로 그 품에 달려가야 합니까?

예배의 핵심 예배를 예배답게 만드는 핵심은 바로 그리스도 안에서 하나님으로 인해 만족하게 되는 경험입니다. 다시 말하면 하나님 안에서 자유롭게 기뻐하며, 하나님을 더욱 갈망하는 마음입니다. 그래서 참된 예배자였던 다윗은 이렇게 고백합니다.

> 주의 앞에는 충만한 기쁨이 있고 주의 오른쪽에는 영원한 즐거움이 있나이다(시 16:11).

예배의 핵심은 하나님 안에서 누리는 넘치는 만족감입니다. 예배는 무엇보다 그리스도 안에 오신 하나님의 성품과 섭리를 소중히 여기는 내적이며 영적인 경험입니다. 예배는 그리스도를 마음에 품는 것이며, 그리스도 안에서 우리를 위해 오신 하나님으로 인해 온전히 만족하는 것입니다. 예배의 본질이 하나님 안에서 만족하는 것이라는 의미는 곧, 예배는 더 이상 다른 어떤 것을 얻기 위한 도구가 되어서는 안 된다는 것입니다.

많은 사람들은 예배를 통해 자신이 하나님께 올려드려야 하는 부분에 대한 관심보다는 예배를 통해 무엇인가 얻고자 하는 데만 관심을 가지고 있는 경우가 허다합니다. 그래서 다양한 프로그램을 구비하고 있는 교회, 분위기가 좋은 교회를 찾아다닙니다. 설교가 좋은 교회, 재정적으로 풍족하여 부담 없이 신앙생활을 할 수 있는 교회, 간섭을 받지 않고 자신의 편리에 따라 신앙생활을 할 수 있는 교회를 찾아다닙니다.

이유정 목사는 『잠자는 예배를 깨우라』(예수전도단)에서 현대 예배가 하나님께 영광을 돌리는 예배가 되기보다 인간 중심의 예배가 되어가고 있음을 이렇게 지적합니다.

"'오늘 예배 어땠어?' '응, 은혜 많이 받았어.' '난 별로였어. 찬양도 지루하고 설교도 너무 길었어.' 주일 예배를 마친 후, 교제를 나누는 성도들 사이에서 이런 식의 대화가 흔히 오가는 것을 보게 된다. 마치 예배가 '은혜'를 공급받는 유일한 장인 것처럼 여기는 성도들의 인식 속에는 '하나님'이 뒷전이 되기 마련이다. 그렇기에 자신의 영적 입맛에 맞게 찬양과 설교가 마음에 드는 곳, 속된 말로 '서비스'가 좋은 곳을 선택하여 다닌다. 이른바 '골라 다니는' 재미를 즐기는 것이다."

요한복음 4장 본문에 나오는 예수님과 사마리아 여인의 대화입니다.

> 내가 주는 물을 마시는 자는 영원히 목마르지 아니하리니(요 4:14).
> 여자가 이르되 그런 물을 내게 주사 목마르지 않고 또 여기 물 길으러 오지도 않게 하옵소서(요 4:15).

예수님은 영원히 목마르지 않는 영혼의 생수를 주시겠다고 말씀하셨습니다. 그것은 진리의 말씀을 통한 구원의 은혜이며, 생수의 강이 흘러넘치는 성령의 은혜를 의미합니다. 즉, 영생의 기쁨이며 천국의 소망을 말씀하고 있는 것입니다. 그런데 이 여인이 한 대답의 의미는 '한 번 마시면 목이 마르지 않는 물을 내게 주어서, 귀찮고 힘들게 물 길러 오지 않게 해달라'는 것이었습니다. 예수님은 영적인 복을 말씀하고 계시는데, 여인은 육적인 복을 구하고 있는 상황인 것입니다.

당신은 무엇 때문에 주님 앞에 나가고 있습니까? 만일 주님께 나가는 이유와 목적이 진정 현실적인 것에만 국한되어 있다면, 기독교는 샤머니즘과 전혀 다를 바가 없습니다. 샤머니즘에서 제사를 행하는 이유는 크게 두 가지입니다. 하나는 신의 노여움을 달래기 위함이고, 또 다른 하나는 욕망의 충족을 위해 복을 구하는 것입니다.

하나님이 찾으시는 예배자는 하나님을 자신의 욕구 충족의 도구로 전락시키지 않습니다. 만약 육신의 문제를 해결하기 위해 예배하고 있다면, 그것은 하나님을 산신령이나 산타클로스 할아버지로 전락시키는 것이기 때문입니다.

교회를 잘 다니지 않던 한 어린아이가 어느 주일에 아침 일찍 일어나더니 엄마에게 말했습니다.
"엄마, 저 오늘부터 친구들 하고 교회 갈래요."
아이가 교회를 다녀와서는 또 이렇게 말합니다.
"엄마, 교회에서 무지무지 재미있었어요."
아이는 그 다음 주일에도 교회에 갔습니다. 아이가 그렇게 몇 주를 다녀오기에 하루는 엄마가 아이에게 물었습니다.
"얘야, 교회 가니까 무엇이 제일 재미있든?"
아이가 대답합니다.
"찬송하는 것도, 하나님 말씀 듣는 것도 친구들과 노는 것도 모두 재미있어요. 그런데 엄마, 그것보다 더 재미있는 것이 하나 있는데, 우리가 한참 예배를 드리고 있으면 돈주머니가 우리 앞을 지나가요. 그때 내가 동전을 몇 개 몰래 집어 왔거든요. 그게 정말 스릴 있고 재미있어요. 다음 주일에는 가서 좀 더 많이 가져올 거예요. 아무튼 교회에 가면 무지무지 재미있어요!"

사도행전 3장에 나오는 성전 미문 앞에 앉아 구걸하는 앉은뱅이의 모습을 통해 우리는 무엇을 깨닫게 됩니까?

무엇을 얻을까 하여 바라보거늘(행 3:5).

앉은뱅이는 성전 가까이까지는 옵니다. 그러나 성전 안에서 진행되는 일에 대해서는 별 관심이 없습니다. 단지 성전을 출입하는 사람들로부터 얼마나 적선받을 수 있는지에만 온통 관심이 있습니다. 이런 관심을 고상한 말로 표현하면 '소유지향적 관심', '경제적 관심'이라고 합니다.

오늘날에도 영적 앉은뱅이가 있습니다. 그들은 하나님 앞에 나와 예배드리면서 '무엇을 얻어갈 수 있을까'에만 관심이 있을 뿐입니다. 성령 충만함을 받기 전, 베드로와 요한 그리고 주님의 제자들도 모두 예수님의 왕국에서 한 자리를 구하던 기복(祈福) 혹은 구복(求福)의 신앙인들이었습니다. 그래서 주님의 십자가행을 만류하다가 "사탄아 물러가라"는 야단도 맞았습니다. 혹시 신앙의 깊은 곳으로 나아가지 못하고 있다면 그 이유가 무엇인지 점검해보아야 합니다. 성전의 가장자리만 맴도는 이유는 주님을 바라고 주님을 구하는 것이 아니라, 주님을 통해서 현실적인 복을 구하기 때문입니다. 예배를 마치고 집으로 가는 차 안에서 아버지가 예배에 관해 불평합니다.

"오늘 목사님 설교는 너무 따분하고 길었지. 성가대 찬양도 전혀 감동이 없더구나!"

아버지의 불평을 듣던 아들이 아버지에게 이렇게 말합니다.

"아버지, 겨우 천 원 헌금하시고는 뭘 기대하세요?"

　진정 하나님을 예배하는 목적은 무엇입니까? 아버지의 품으로 돌아온 탕자가 이후에 아버지를 매일 아침마다 찾아뵙는다면 그 목적이 무엇이겠습니까? 추측하건대 집을 나가기 전처럼 아버지께 무엇을 바라거나 요구하기 위해서가 아니라, 단지 아버지의 사랑에 감사하는 마음으로 아버지의 말씀을 귀담아듣고 아버지의 뜻과 소원 안에 살아가기를 다짐했기 때문일 것입니다.
　그 마음으로 우리도 하나님께 예배해야 합니다. 우리가 하나님을 예배하는 목적은 첫째, 이미 우리에게 베풀어주신 은총에 대한 응답으로 하나님 앞에 나아가 감사와 찬양과 경배를 드리는 것이어야 합니다. 창조의 은혜, 구속의 은혜, 날마다 우리를 지키고 돌보시며 선한 길로 인도하시는 은혜에 반응해야 합니다.
　둘째, 소속감을 분명히 하는 것입니다. 악마의 세력에서 해방된 것을 경험하는 것이며, 하늘나라를 맛보고 그 나라의 멤버십을 확인하고 돌아가는 것입니다.
　셋째, 하나님의 형상을 닮아가는 것입니다. 자범죄(自犯罪)를 씻는 것과 더불어 속사람의 변화를 통해 주님의 형상을 본받는 것입니다. 주의 얼굴을 구하며 나아갈 때 하나님의 성품의 열매를 맺게 됩니다.
　넷째, 인생의 목적과 가치관의 문제를 주님 안에서 늘 새롭게 발견하면서 이 땅에서 주님의 나라와 의를 구하며 헌신된 삶을 살도록 결단하는 데 있습니다.

열왕기상 3장에는 솔로몬이 왕이 된 직후에 하나님께 일천 번제를 드리는 장면이 나옵니다. 감사와 헌신의 제사 후에 하나님이 솔로몬의 꿈에 나타나셔서 묻습니다. "너에게 무엇을 주기 원하느냐?" 솔로몬은 백성들을 잘 다스릴 수 있는 지혜를 구했습니다. 그의 구한 것이 하나님의 마음을 기쁘시게 한지라 하나님은 솔로몬에게 그가 스스로 구하지 않은 부귀영화의 복까지 더하여 주셨습니다.

우리는 더 이상 하나님께 무엇을 받으려는 마음으로 예배해서는 안 됩니다. 하나님의 베푸신 은총에 감사하고 감격하면서 때묻은 영혼의 새로워짐과 동시에 헌신된 삶을 살기를 결단하는 예배자가 되어야 합니다.

> 너희는 먼저 그의 나라와 그의 의를 구하라 그리하면 이 모든 것을 너희에게 더하시리라(마 6:33).

4
하나님을 만나기 위해 필요한 것

누구를 위하여 종을 울리나? 영국의 런던을 방문하는 사람들이면 누구나 꼭 한 번 찾아가고 싶어 하는 명소, 웨스트민스터 사원이 있습니다. 오래 전에 이 사원을 방문했던 이들의 입에서부터 이런 흥미 있는 일화가 전해지고 있습니다. 이 유명한 사원을 방문했을 때, 그들을 인도하던 안내자는 사원의 역사적인 내력과 무덤에 묻힌 지나간 세기의 찬란한 영웅들의 삶을 이야기했습니다. 모든 설명을 마친 후에 안내자는 방문객들에게 질문이 있는지 물었습니다. 이때 미국 아이오아 주에서 온 한 여자 성도가 이렇게 질문했습니다.

"이 사원에 관한 여러 가지 내용과 내력을 훌륭하게 설명해주신 것에 대해 감사드립니다. 한 가지 여쭤보고 싶은 게 있는데, 최근에

이 사원을 통해 구원받은 사람이 몇 명이나 됩니까?"

뜻밖의 질문에 대답이 준비되어 있지 않았던 안내자는 몹시 당황할 수밖에 없었습니다. 이 일화는 우리에게 겉으로 드러내고 있는 모든 형식과 허상은 그 내용과 어떤 관련이 있는지 돌아보고 반성해야 할 필요가 있음을 시사해 줍니다.

이런 이야기도 있습니다. 존경받는 어느 교장 선생님 부부가 해주신 말씀입니다. 그분은 자식들도 이미 훌륭하게 장성했고, 경제적으로도 풍족하게 살고 계십니다. 모든 것에 부족함이 없어 보입니다. 그런데 두 부부가 몇 십 년을 두고 갈등하며 풀지 못한 문제가 하나 있었습니다. 그건 바로 화장실에서 볼일을 본 후, 변기 뚜껑을 닫느냐 여느냐 하는 문제였습니다. 부인은 닫는 쪽, 남편은 열어 놓는 쪽입니다. 그분들의 대화는 이렇습니다.

"볼일을 보고 나면 뚜껑을 꼭 좀 덮어놔요. 냄새나는데…."

"그거 뭐 깨끗한 것도 아닌데 귀찮게 손으로 열었다 닫았다 하라고 그래? 그냥 열어 놓지."

"그냥 열어 놓는 것이라면 뚜껑을 뭐하러 달아놨겠어요? 그건 닫아야 되는 거예요. 정말…."

두 분이 이 논쟁을 수십 년 동안 했답니다. 두 분에게는 사법고시보다 어려운 문제임에 틀림없습니다.

이미 고전에 속한, 치약사건에 얽힌 이야기도 들려드리지요. 남편은 치약을 끝에서부터 꼬옥 눌러짜야 된다고 하고, 부인은 가운데를 푸욱 눌러서 짠 다음에 꼬리를 쭈욱 누르기도 하면서 아무렇게나 해도 된다고 주장합니다. 그 집은 화장실에만 가면 상대가 먼저 쓴 치약 꼴을 보고는 분통을 터뜨리고 고함이 터져나오며 아침부터 전쟁을 치릅니다. 치약 한 개 더 사서 하나는 부인용, 또 하나는 남편용 하면 될 터인데 이것을 해결 못해서 아우성입니다.

감자 이야기도 있습니다. 가난한 집에서 자란 남편은 삶은 감자를 먹을 때 항상 소금에 찍어 먹었습니다. 결혼해서 보니 부유한 집에서 자란 아내는 감자를 설탕에 찍어 먹습니다. 이것 때문에 서로 다툽니다.

"너는 배불러서 설탕에 찍어 먹어 왔겠지."

이렇게 졸지에 집안 싸움이 되고 나중에는 자존심 싸움으로 번져 급기야 이 부부는 이혼을 하려고 법정에 갔습니다. 두 사람의 사연을 듣고 난 판사가 뭐라고 말했는지 아십니까?

"나는 삶은 감자를 된장에 찍어 먹는데…."

미국의 이민교회 중에는 예배 후 친교 음식을 간단히 도넛으로 하느냐, 좀 힘들어도 국밥으로 하느냐의 문제로 다투다가 결국 갈라진 교회도 있습니다.

새로 산 피아노를 강대상에 놓느냐 강대상 아래 놓느냐는 문제로 갈라진 교회도 있답니다. 더 우스꽝스러운 것은 오랜 시간이 흘러 두 파의 장로님이 만나셨는데 어느 분이 강대상 위 파였고 어느 분이 강대상 아래 파였는지 까맣게 잊어버렸다는 사실입니다.

이 이야기들의 공통점은 하나 같이 비본질(比本質)적인 것에 매여 있다는 것입니다. 정말 우리는 종종 비본질적인 것에 쓸데없이 목숨을 겁니다. 그러다 보면 무엇이 본질이고 무엇이 비본질인지 까맣게 잊고 그저 싸우는 데 열을 올리게 됩니다. 비본질에서 생긴 사소하고 조그만 문제 때문에 중요한 본질을 보지 못할 뿐 아니라, 본질이 가려지고 매도당하는 안타까운 예를 우린 너무나 많이 보아왔습니다.

『간디와의 대화, 어떻게 살것인가』(김진, 스타북스)에 보면 이런 대목이 나옵니다.

"예수는 하나님의 뜻을, 누구도 그리할 수 없을 정도로 세상에 잘 드러내셨지요. 그분은 당대에 그를 따르는 사람들에게 의심할 바 없이 '하나님에게서 태어난 유일한 아들'입니다. 그런 점에서 나는 그를 하나님의 아들로 받아들입니다."(335쪽)

간디는 예수의 가르침에 동의했습니다. 그리고 '그리스도'의 가르침을 따라 살았습니다. 특히 산상수훈을 통해 예수를 더욱 사랑하게 됐다는 간디는 현대의 그리스도인들에게 일침을 놓습니다. "단언컨대 정통 그리스도교는 예수의 메시지를 왜곡시켰습니다. 그리고 서구 그리스도교는 실제로 그리스도가 원했던 본래 모습이 아닙니다. 그래서 지금의 그리스도교를 반대합니다. 그리스도인들이 산상수훈을 제대로 따르기만 해도 잘못된 길로 나아가는 일은 없을 텐데 아쉽습니다. 또 각자의 내면의 빛을 따르면서 하나님을 두려워할 줄 알았더라면 조직과 공 예배, 성직에 그리 안달하지 않았을 것입니다. (중략) 좀 심하게 말하면, 현실 그리스도교를 보면 대부분 사람들이 오직 이름뿐인 그리스도인들 입니다. 예수를 믿는다고 하지만 실제로는 맘몬을 숭배하고 있습니다. 예를 들어 예수는 '부자가 하나님 나라에 들어가는 것보다 낙타가 바늘귀로 빠져 나가는 것이 더 쉽다'고 말했는데 추종자들은 소유한 물질의 정도에 따라 사람을 판단합니다. 그리스도교로 생각하는 많은 것들이 실상은 산상설교의 뜻과 반대입니다. 사탄은 '하나님의 이름'을 입에 담고 나타날 때 가장 크게 성공합니다."(361~362쪽)

이러한 간디의 말을 생각해보면 그는 예수님은 좋아했지만, 잘못 믿는 사람들을 보고 교회를 나가지 않았다는 것으로 이해됩니다. 그 역시 안타깝게도 비본질 때문에 한평생 본질을 볼 수 없었던 것입니다.

우리에게 잘 알려진 성 아우구스티누스(St. Augustinus, 354~430년)의 격언입니다. "본질적인 것에는 일치를(in necessaris unitas), 비본질적인 것에는 자유를(in unnecessaris libertas), 그리고 모든 것에는 사랑을(in omnes charitas)!"

그리심 산 혹은 시온 산에서 요한복음 4장 본문에서 우리는 예배의 참된 본질보다는 비본질에 매여 있는 사마리아 여인의 고백을 들을 수 있습니다.

우리 조상들은 이 산에서 예배하였는데 당신들의 말은 예배할 곳이 예루살렘에 있다 하더이다(요 4:20).

사마리아 여인은 예배에 대해 남다른 관심이 있었습니다. 역사적인 배경을 살펴보면, 이스라엘이 남북으로 분열된 후에 북이스라엘은 사마리아의 그리심 산에 예배 처소를 세웁니다. 서로 상종하지 않는데 여호와를 예배하는 신앙을 지키기 위해 굳이 남유다의 예루살렘 성전에 간다는 것이 북이스라엘 입장에서는 못마땅한 일이었기 때문입니다. 그래서 백성들이 예루살렘까지 갈 필요 없이 그리심 산에서 예배할 수 있도록 산당을 만든 것입니다. 그런데도 사마리아 사람들은 예배의 정통성은 예루살렘 성전에 있는 것이 아닌가 하고 늘 아쉬운 마음을 갖고 있었던 것 같습니다.

본문에서 여인이 예수님께 "주님! 진짜 예배는 그리심 산이 아닌 시온 산, 즉 예루살렘 성전에서 드려야 하는 것 아닙니까?" 하고 묻습니다. 이것은 곧 예배의 정통성 문제를 이야기하는 것입니다.

대형교회의 경우, 주일예배 시간에 예배에 참여하고자 하는 교인들로 자리가 모자라면 다른 공간에 모여 영상으로 예배를 드리곤 합니다. 이런 경우, 사마리아 여인의 의견에 비추어 보면 "그래도 예배는 본 예배실에서 드려야 하나님이 기쁘시게 받으시는 것 아닙니까?"라고 묻는 것과 같습니다. 예배 실황을 영상으로 보면서 예배하는 것보다 실제 현장에서 예배하는 것이 더 생동감이 있을 수는 있습니다. 하지만 그렇다고 해서 하나님이 다른 공간에서 영상으로 드리는 예배를 받지 않으시겠습니까? 이렇게 생각하는 사마리아 여인과 그와 같은 이들에게 예수님은 다음과 같이 말씀하셨습니다.

> 이 산에서도 말고 예루살렘에서도 말고 너희가 아버지께 예배할 때가 이르리라(요 4:21).

예배 장소가 중요한 것이 아니라는 말씀입니다. 그리심 산에서 예배하든 예루살렘 성전에서 예배하든 그것이 문제가 아니라, 주님이 찾으시는 것은 예배자의 참된 마음과 태도라는 것입니다. 영이신 하나님은 장소에 따라 제한받는 분이 아니십니다.

하나님은 영이시니

> 하나님은 영이시니 예배하는 자가 영과 진리로 예배할지니라 (요 4:24).

참된 예배, 즉 하나님이 찾으시는 예배를 드리기 위해서는 먼저 하나님이 '영'이시라는 사실을 기억해야 합니다. 우리가 잘못된 예배를 드리게 되는 결정적인 이유는 바로 하나님이 영이시라는 사실을 잊기 때문입니다. 그래서 사람들은 눈에 보이는 형식에 집착하게 되는 것입니다. 눈에 보이는 형식에 집착하면 눈에 보이지 않는 영이신 하나님과의 만남, 영이신 하나님과의 사귐, 영이신 하나님을 섬기는 일이 뒷전으로 밀리게 됩니다. 결국 빈 껍데기만 남는 망하는 예배가 되는 것입니다.

올바른 예배를 드리기 위해서는 '하나님은 영이시라'는 사실을 반드시 기억하라고 예수님이 가르쳐주시는 것입니다.

오래 전에 경험한 일입니다. 교인의 가정을 심방하여 거실에서 예배를 드리게 되었습니다. 그런데 예배를 마친 후 그 교인이 이렇게 말하는 것입니다.

"목사님, 안방에서도 예배드려 주세요. 건넌방에서도, 아이들 방에서도…."

저는 속으로 '이러다가 화장실까지 가자고 하겠구나'라고 생각했습니다. 당시 그분은 하나님께 예배한다는 것이 무엇인지 잘 알지 못하는 상태였던 것입니다. 부적 붙이듯 모든 방, 모든 장소에 가서 예배드려야 한다는 지극히 무속적인 신앙관을 갖고 있던 것입니다.

> 두세 사람이 내 이름으로 모인 곳에는 나도 그들 중에 있느니라
> (마 18:20).

예수님은 당신의 이름으로 모여서 예배하는 모든 곳에 함께하신다고 말씀하셨습니다. 특정한 장소, 특정한 시간, 어떤 절차가 반드시 중요한 것은 아니라는 말씀입니다. 예배의 시간, 장소, 스타일, 순서 등의 형식보다 더 중요한 것은 예배자의 믿음, 즉 예배자의 마음과 태도라고 가르치시는 것입니다.

하나님이 받으시는 제사   창세기 4장에는 가인과 아벨의 제사에 관하여 기록되어 있습니다. 하나님은 가인의 제사는 받지 않으셨고 아벨의 제사만을 받으셨습니다. 왜 하나님이 한 사람의 예배는 받으시고 한 사람의 예배는 받지 않으셨습니까?

> … 여호와께서 아벨과 그의 제물은 받으셨으나 가인과 그의 제물은 받지 아니하신지라(창 4:4-5).

이 말씀에서 유의해야 할 것은 '아벨과 그의 제물', '가인과 그의 제물'을 하나님이 보셨다고 하는 것입니다. 아벨이나 가인이 가져온 제물보다는 아벨과 가인 그 자신, 즉 예배드리는 사람을 주목하셨다는 의미입니다. 하나님은 언제나 제물보다는 사람을 먼저 보십니다. 하나님이 가인보다 아벨을 편애하신 것이 아니라, 아벨은 하나님께 대한 감사한 마음과 신뢰하는 믿음으로 더 나은 제사를 드렸고, 반면에 가인은 감사의 마음이나 정성 없이 다만 대가나 보상을 바라는 마음으로 적당히 제물만 꾸려서 형식적인 제사를 드렸다고 볼 수 있습니다.

실제로 구약시대의 이스라엘 백성들은 한 편에서는 하나님께 제사하고, 다른 편에서는 우상에게 제물을 드리는 일을 서슴지 않았습니다. 그들은 이러한 자신들의 거짓된 모습을 가리기 위해 더 많은 제물을 가지고 하나님께로 나왔습니다. 이에 대해 하나님은 선지자 이사야를 통해 이렇게 책망하십니다.

> 너희의 무수한 제물이 내게 무엇이 유익하뇨 나는 숫양의 번제와 살진 짐승의 기름에 배불렀고 나는 수송아지나 어린 양이나 숫염소의 피를 기뻐하지 아니하노라 너희가 내 앞에 보이러 오니 이것을 누가 너희에게 요구하였느냐 내 마당만 밟을 뿐이니라(사 1:11-12).

신약시대에도 예배자의 중심을 보시는 예수님께서 바리새인들의 종교적 행위를 가증히 여기시면서 이렇게 말씀하셨습니다.

> 이 백성이 입술로는 나를 공경하되 마음은 내게서 멀도다… 나를 헛되이 경배하는도다(마 15:8-9).

마음이 하나님으로부터 멀어질 때, 예배는 헛되고 공허한 것이 되며 그 존재 가치를 잃게 됩니다. 깊은 내면에서부터 하나님을 갈망하고 경험하는 것이야말로 예배를 예배답게 만들고, 살아 있게 하는 중요한 본질입니다. 따라서 우리는 마음을 다하고 성품을 다하고 뜻을 다하고 목숨을 다하는 최고의 사랑을 우리 하나님께 올려드리며 그분의 보좌 앞에 나아가는 참된 예배자가 되어야 할 것입니다.

영과 진리로

> 아버지께 참되게 예배하는 자들은 영과 진리로 예배할 때가 오나니 곧 이때라 아버지께서는 자기에게 이렇게 예배하는 자들을 찾으시느니라(요 4:23).

하나님은 예배를 찾으시는 것이 아니라 참된 예배자를 찾고 계십니다. 그런데 우리는 어떤 예배를 드릴 것인지에 대해, 예배의 방법, 순서, 형식 등을 더 고민할 때가 많습니다. 그러나 사실 우리의 예배를 받으시는 하나님의 관심사는 영과 진리로 예배하는 예배자에게 있으십니다.

'영과 진리로 예배한다'는 것은 구체적으로 무엇을 의미합니까? 영과 진리의 헬라 원어는 '엔 프뉴마티 카이 알렉세이 아(ἐν πνεύματι καὶ ἀληθείᾳ)'입니다. 영어 성경에는 '영'을 'in spirit'으로 표현하고 있습니다. 영으로 예배한다는 것은 하나님의 영인 성령 안에서 성령의 도우심으로 드리는 예배를 말하는 것입니다. 우리가 예배할 때 성령 안에서 하나님을 찬양하고 경배해야만 합니다. 자기의 공로로 예배하는 것이 아닙니다. 자기도취나 만족에 사로잡혀 예배하는 것이 아닙니다. 종교적인 욕구나 형식이나 습관으로 예배하는 것이 아닙니다. 그런 예배는 하나님이 받지 않으십니다. 오직 성령님의 인도를 따라 예배하는 자를 찾으십니다.

다음으로, '영과 진리로 예배한다'의 '진리'는 영어로 'in truth'입니다. 즉, 진리의 말씀에 근거하여 예배하는 것을 의미합니다. 요한복음 4장 22절의 '아는 것'을 예배한다는 말씀이 바로 그것입니다. 진리에 근거하지 않는 예배는 참 예배가 아닙니다. 예배의 중심에는 언제나 하나님이 계시고 그 중심에는 언제나 하나님의 말씀이 있어야 합니다. 우리는 예배를 통해 하나님의 진리에 더 가까이 나아가야 합니다. 예배를 통해 우리의 마음에서 하나님을 더 깊이 알아가야 합니다. 하나님과의 깊은 교제를 통해 하나님을 깊이 체험하는 것입니다.

따라서 '영과 진리로 예배하는 예배자를 찾으신다'는 말씀은 '성령의 인도하심으로 드리는' 예배와 '진리의 말씀이 살아 있는' 예배를 위해 애쓰는 자들을 찾으신다는 의미입니다. 하나님이 주시는 성령의 은혜를 따라 영적인 고백으로 찬송을 부르고, 말씀에 대한 신뢰와 수용과 순종의 결단이 있는 예배를 원하신다는 것입니다.

예수님이 계시던 당시, 유대인들의 예배와 사마리아인들의 예배는 어땠을까요? '영과 진리'라는 관점에서 볼 때 이 둘은 매우 대조적인 모습을 보였습니다. 유대인들의 예배는 한마디로 '영이 없는 진리'였습니다. 진리의 말씀은 있는데 영, 즉 성령님의 인도하심에 감사하고 감격하는 예배가 아니라 무미건조하고 형식적인 예배로 치우쳐버렸습니다.

한편, 사마리아인의 예배는 한마디로 '진리 없는 영'이었습니다. 이런 예배는 감정적인 예배가 되기 쉽습니다. 춤추고 손뼉치고 찬양할지라도 그 속에 생명이 없으면 의미 없는 예배입니다. 아무리 열정적이고 감정적이고 체험적이고 눈물이 흐르고, 그렇게 예배할지라도 그 속에 진리가 없으면 미신적인 예배와 다를 것이 없습니다. 이 두 가지 '영과 진리'는 예배함에 있어 가장 중요한 기본입니다. 이 두 가지를 하나로 합하는 참 예배, 즉 영과 진리의 균형 잡힌 예배가 오늘날 우리에게 요구됩니다.

하나님이 찾으시는 참된 예배자는 곧 "하나님께만 집중하는 예배자"입니다. 누구와 진지한 만남을 갖기 원한다면 그가 하는 말뿐 아니라 그의 얼굴, 그의 표정, 그의 제스처까지도 집중해서 바라보게 됩니다. 그와 대화를 나누면서 딴 생각을 한다든지, 다른 곳을 쳐다본다든지 한다면 대단한 실례를 범하고 있는 것입니다. 마찬가지로 잘 드리는 예배는 좌석이나 건물이나 인도하는 사람이나 옆에 있는 그 누구에게도 마음을 빼앗기지 않고 오직 주 예수님과 하나님께만 집중하는 예배입니다.

예배하면서 진행 시간이 얼마나 걸리는지, 설교를 잘하는지 못하는지, 성가대가 노래를 잘하는지 못하는지를 따지며 시간을 재고 있는 사람은 예배를 드리고 있는 것이 아니라 그저 관람하고 있는 것입니다.

　사도행전 14장에 보면 '루스드라의 앉은뱅이'가 등장합니다. 바울이 말씀을 전하는 중에 이 사람을 유심히 보게 되었는데, 그는 그저 말씀을 귀로 듣는 정도가 아니라 마치 스폰지가 물을 빨아들이듯이 사모하는 마음과 열정으로 말씀에 집중하고 있었습니다. 바울은 그에게서 '구원받을 만한 믿음'을 보았습니다. 그래서 말씀을 전하다 말고 갑자기 앉은뱅이를 향해 "일어서라!"라고 외칩니다. 그때 그는 자기가 앉은뱅이인지도 모른 채 벌떡 일어나는 기적을 체험하게 됩니다. 그는 예배에 집중함으로 엄청난 복을 받았습니다.

　언젠가 교회에서 설교를 준비하고 있을 때였습니다. 갑자기 꽝 하는 큰 소리에 놀라 창밖을 내다보니, 한 여성이 차를 운전하다가 길가의 전봇대를 들이받은 것이었습니다. 나중에 전해 들은 내용에 의하면 다행히 운전자는 크게 다치지 않았는데 사고 원인이 기가 막힙니다. 차 안으로 날아들어 온 파리 한 마리를 잡으려다가 핸들이 돌아가는 바람에 그만 사고를 냈다는 것입니다.

　예배드릴 때는 예배드리는 것에만 신경써야 합니다. 찬송하면 찬송 부르는 데, 기도하면 기도하는 데, 설교 시간에는 말씀 듣는 데, 헌금 시간에는 봉헌하는 데 집중해야 합니다. 하나님께 예배 드린다고 하면서 오히려 다른 것에 마음을 빼앗기고 있다면 그 예배는 더 이상 하나님이 받으실 만한 예배가 아닙니다. 예배할 때는 오직 하나님께만 집중해야 합니다. 성령을 의지하고, 성령 안에서 하나님의 뜻에 맞추려고 노력해야만 합니다. 그래야 영과 진리로 드리는 예배가 될 수 있습니다.

이런 예배를 드리고 싶습니다   아래의 내용을 진심을 담아 읽으십시오. 하나님 앞에 예배하는 자의 마음과 태도에 대해 우리 자신이 먼저 새롭게 결단해야 합니다.

1. 엉성하지만 감격과 환희의 눈물과 찬양이 있는 예배를 드리고 싶습니다.
2. 더듬거리고 앞뒤 문맥이 맞지 않아도, 하나님 앞에서 감히 고개를 들지 못하여 가슴만 치던 세리들과 창기들의 기도가 있는 예배를 드리고 싶습니다.
3. 아름다운 벽화도, 예쁘게 장식된 꽃꽂이도 없이, 마구간 같은 냄새가 나고 의자는 부서져 앉을 자리가 불편하지만 하나님을 만나는 것 때문에 모든 것이 감사의 고백이 되는 겸손한 자의 예배를 드리고 싶습니다.
4. 교만한 자들의 허영심을 즐겁게 해줄 뿐인 사람의 지식과 기교로 가득한 설교가 아니라, 생명을 걸고 하나님의 영광스런 임재 앞에 나아가 그분의 거룩한 말씀을 가슴에 새기고 나와

서 눈물과 통곡으로 외치던 옛 선지자들의 목소리를 듣고 싶습니다.

5. 불의의 재물과 교만한 마음의 장식물과 같은 헌금 대신, 마음 속 깊은 곳에 숨겨 놓은 순전함을 드리는 과부의 두 렙돈으로 예배하고 싶습니다.

6. 자신의 종교적 의에 도취되어 하나님을 소외시키는 바리새인들의 제사가 아닌, 영과 진리 안에서 믿음의 예배를 드리고 싶습니다.

7. 설교 시간이 10분만 길어져도 지겨워지는 삼류 코미디 같은 예배가 아닌, 주님의 말씀에 온 인격이 매료되어 그의 곁을 떠나지 않았던 마리아의 예배를 드리고 싶습니다.

8. 하나님의 영광이 나타나서 인간의 더러운 인격을 녹이고, 하나님의 성품으로 새롭게 거듭나게 하시는 예배를 드리고 싶습니다.

9. 우리끼리 소금치고 빛 뿌리고 손뼉 치는 그곳 밖에서 울고 계신 예수님 앞에 나아가 그분의 눈물 앞에 무릎을 꿇는 그런 예배를 드리고 싶습니다.

10. 축도가 끝나면 남남이 되어 뿔뿔이 자신의 자리로 도망가는 콘서트 같은 예배가 아닌, 예배가 끝나는 것이 아쉽고 안타까워 자리를 뜨지 못한 채 그분의 임재 앞에 우두커니 서 있던 여호수아의 경외심으로 예배를 드리고 싶습니다.

주님이 찾으시는 참된 예배자는 예배의 장소, 형식, 순서, 분위기 등에 좌우되는 사람이 아닙니다. 영이신 하나님 앞에 영과 진리로 간절한 마음의 태도로 예배드리는 사람입니다.

> 아버지께 참되게 예배하는 자들은 영과 진리로 예배할 때가 오나니… 이렇게 예배하는 자들을 찾으시느니라(요 4:23).

2부
응답의 혁명

· 하나님께 나아가는 예배자 ·

5
믿음으로 나아가다

록펠러 어머니의 교훈 록펠러(Rockefeller, John Davison, 1839~1937)는 돈만 많은 시시한 부자들과 달리, 많은 사람들로부터 존경받던 진짜 부자였습니다. 그는 십일조 헌금을 관리하는 직원만 40여 명을 둘 만큼 대단한 부자였습니다. 그는 록펠러재단, 일반교육재단, 록펠러 의학연구소 등을 설립하였고, 시카고대학을 비롯한 12개의 종합대학과 12개의 단과대학 그리고 연구소를 지어 기증했습니다. 또한 4,928개의 교회를 건축하여 하나님께 봉헌할 만큼 돈을 쓸 줄 아는 부자였습니다. 그가 생존해 있을 당시, 한 기자가 록펠러에게 "당신은 어떻게 해서 이러한 복을 누릴 수 있었습니까?" 하고 묻자, 그는 "어머님이 물려주신 신앙교육의 결과입니다"라고 대답했답니다. 그의 어머니가 남긴 열

가지의 유언을 소개합니다.

- 하나님을 친아버지 이상으로 섬겨라. 친아버지가 생계를 위해 필요한 모든 것을 공급하지만 더 중요한 공급자는 바로 하나님이시다.
- 목사님을 하나님 다음으로 섬겨라. 목사님과의 좋은 관계 속에서 하나님의 말씀을 듣고 따르는 것이 복된 길이기 때문이다.
- 주일예배는 자기가 속한 본 교회에서 드려라. 성도로서 교회에 충성해야 하며 가급적 주일예배만큼은 자기가 소속된 교회에 참석하여 예배드리는 것이 중요하다.
- 오른쪽 주머니는 항상 십일조 주머니로 하라. 십일조는 하나님의 것이므로 먼저 구별한 후 나머지를 가지고 사용해야 한다.
- 아무도 원수로 만들지 말라. 다른 사람들과 관계가 좋지 않으면 사람들이 거리를 두기 때문에 모든 일마다 장애요소가 될 수 있다.
- 아침에 목표를 세우고 기도하라. 하루를 시작하기 전에 오늘 해야 할 일을 하나님께 맡기며 하나님이 모든 일에 함께하여 주실 것을 온전히 믿는 기도가 필요하다.
- 잠자리에 들기 전, 하루를 반성하고 기도하라. 알게 모르게 지속적으로 짓는 죄를 가능한 빨리 회개하여, 죄로 인한 어려움과 고통을 피할 수 있어야 한다.

- 아침에 꼭 하나님의 말씀을 읽어라. 하나님이 말씀하시는 것을 듣는 시간이 필요하다.
- 남을 도울 수 있으면 힘껏 도와라. 그리고 도와준 일에 대해 절대로 자랑하지 말아라.
- 예배 시간에 항상 앞에 앉아라. 하나님을 예배하고 그분의 말씀을 듣는 일에 누구보다도 앞장서도록 노력해라.

그의 어머니가 록펠러에게 가르친 것은 매우 특별하거나 어려운 것이 아니었습니다. 위의 교훈은 기독교인이라면 누구에게나 상식적이고 기본적인 것들입니다. 하지만 그는 이 기본적인 것들을 중요하게 여기고 성실하게 지켰기 때문에 하나님께로부터 놀라운 복을 받은 것입니다. 이처럼 기독교 신앙의 가장 기본인 '예배'에 의해 우리의 인생이 결정됩니다. 개인이나 가정, 우리 교회의 미래는 예배에 달려 있다고 해도 결코 과언이 아닙니다.

주목할 만한 가치가 있는   우리는 하나님을 예배함으로 그분의 섭리와 은총을 찬양하며 높여드리고 동시에 우리 자신도 은혜와 복을 누리게 됩니다. 그러나 사실은 예배를 드리는 모든 사람이 다 축복을 경험하는 것은 아닙니다. 앞에서도 잠시 언급했지만 창세기 4장에 기록된, '가인과 아벨이 하나님께 드린 제사'의 내용을 통해 그 이유를 살펴보겠습니다.

아담이 그의 아내 하와와 동침하매 하와가 임신하여 가인을 낳고 이르되 내가 여호와로 말미암아 득남하였다 하니라 그가 또 가인의 아우 아벨을 낳았는데 아벨은 양 치는 자였고 가인은 농사하는 자였더라 세월이 지난 후에 가인은 땅의 소산으로 제물을 삼아 여호와께 드렸고 아벨은 자기도 양의 첫 새끼와 그 기름으로 드렸더니 여호와께서 아벨과 그의 제물은 받으셨으나 가인과 그의 제물은 받지 아니하신지라 가인이 몹시 분하여 안색이 변하니 여호와께서 가인에게 이르시되 네가 분하여 함은 어찌 됨이며 안색이 변함은 어찌 됨이냐 네가 선을 행하면 어찌 낯을 들지 못하겠느냐 선을 행하지 아니하면 죄가 문에 엎드려 있느니라 죄가 너를 원하나 너는 죄를 다스릴지니라(창 4:1-7).

위 본문의 4절과 5절을 보면, '(제물을) 받으시다'라는 단어가 긍정문과 부정문에 각각 한 번씩 사용되고 있습니다. 이 단어에 해당하는 히브리어 '쇠아'라는 단어의 뜻은 '주목할 만한 가치가 있는'이란 뜻입니다. 그러므로 본문의 "여호와께서 아벨과 그의 제물은 받으셨으나 가인과 그의 제물은 받지 아니하신지라"는 말씀을 원문에 맞게 해석해보면 이렇습니다. 아벨이 하나님께 드린 제사는 하나님이 보실 때에 주목할 만한 가치가 있는 예배였고, 그의 형 가인이 하나님께 드린 제사는 주목할 만한 가치가 없는 예배였다는 것입니다.

오늘날 우리가 하나님께 드리는 예배는 어떻습니까? 우리의 예배가 하나님이 기뻐 받으시는 제사가 되고 그로 인해서 하나님의 은총을 더욱 깊이 경험하는 복된 인생이 되려면 어떻게 해야 하겠습니까? 그 해답은 하나님이 왜 가인의 제물은 받지 않으시고 아벨의 제물은 받으셨는지 그 이유를 아는 데 있습니다.

하나님이 아벨의 제사만 받으신 이유가 무엇이겠습니까? 위의 창세기 본문에서는 답을 찾기가 어렵지만 신약성경에 그 해답이 나와 있습니다.

> 믿음으로 아벨은 가인보다 더 나은 제사를 하나님께 드림으로 의로운 자라 하시는 증거를 얻었으니 하나님이 그 예물에 대하여 증언하심이라 그가 죽었으나 그 믿음으로써 지금도 말하느니라(히 11:4).

히브리서 기자는 '아벨과 가인의 제사에 나타난 본질적인 차이'는 '믿음'이라고 분명히 말합니다. 그렇다면 '아벨이 믿음으로 가인보다 더 나은 제사를 드렸다'는 의미는 무엇일까요? 창세기 4장 3절을 보니, 가인은 단순히 '땅의 소산'으로 하나님께 제물로 드렸다고 했습니다. 그러나 4절에서는 아벨이 하나님께 드린 제물이 '양의 첫 새끼와 그 기름'이었음을 구체적으로 언급하고 있습니다.

구약성경에서 자주 등장하는 '첫 번째'라는 단어는 언제나 '최고의 것'을 말할 때 사용됩니다.

> 이스라엘 자손 중에서 사람이나 짐승을 막론하고 태에서 처음 난 모든 것은 다 거룩히 구별하여 내게 돌리라 이는 내 것이니라 하시니라(출 13:2).

소제로 드려질 때에도 하나님은 첫 번째 것을 요구하셨습니다. 지혜의 왕인 솔로몬이 말합니다.

> 네 재물과 네 소산물의 처음 익은 열매로 여호와를 공경하라 그리하면 네 창고가 가득히 차고 네 포도즙 틀에 새 포도즙이 넘치리라(잠 3:9-10).

주목할 만한 가치

1) 마음의 태도

가인의 제사와 아벨의 제사가 보여주는 첫 번째 차이는, 하나님을 향한 사랑과 정성, 즉 '마음'의 차이였습니다. 어떤 사람에게는 유치해 보일지 몰라도, 월급을 받을 때마다 하나님께 드릴 십일조를 제일 먼저 떼어놓고 또 가장 깨끗한 새 돈으로 구별하여 헌금을 드리던 신앙의 선배들의 모습은 곧 구약시대에 처음 것과 흠없는 것을 제물로 바쳤던 모습과 비슷하다고 생각됩니다. 그들은 하나님을 진심으로 사랑하고 존경했으며 그래서 자발적으로 하나님께 최선의 것을 드리고 싶은 마음을 가지고 있었습니다.

세계의 기독교인들에게 각인된 한국 교회의 모습 중 대표적인 한 가지는 바로 '새벽기도'입니다. 이 새벽기도가 가지고 있는 정신은 '하루의 첫 시간을 하나님께 드리겠다'는 것입니다. 가장 귀하고 소중한 것을 주님께 드리겠다는 믿음의 고백이자 행위인 것입니다. 그리고 이것이 곧 예배의 정신이며 원리입니다.

> 네 마음을 다하고 목숨을 다하고 뜻을 다하고 힘을 다하여 주 너의 하나님을 사랑하라(막 12:30).

참된 예배의 기초는 하나님을 내 삶의 최고 가치로 인정하는 것에서부터 시작됩니다. 우리 안에 하나님보다 더 크게 자리잡은 가치가 있다면 우리는 하나님께 진정한 예배를 드릴 수 없습니다. 두 마음을 품은 채로 하나님을 섬길 수 없기 때문입니다. 사랑의 기술이 뛰어난 한 남자가 세 명의 여인을 똑같이 사랑한다고 가정한다면, 숫자상으로는 각 여인을 33.3퍼센트씩 사랑할 수 있을 것입니다. 그러나 그것은 진정한 사랑이 아닙니다. 사랑은 사랑하는 대상에게 전부를 주는 것이기 때문입니다. 전부를 줄 수 없다면 더 이상 사랑일 수 없습니다.

마태복음 13장 44절에 기록된 '밭에 감춰진 보화' 비유에서 우리가 주목할 점은 보화를 발견한 사람의 반응입니다. 보화를 발견한 사람은 그 보화를 밭에 숨겨두고 돌아가서 자신의 모든 소유를 팔아 그 밭을 샀습니다. 그가 밭에서 발견한 보화는 자신의 모든 소유를 팔아서 사야 할 만큼 가치가 있다고 생각했기 때문입니다. 우리가 예배하는 대상에게 우리의 가진 전부를 쏟는다는 것은 그 대상을 우리 인생의 최고 가치(보화)로 발견했다는 뜻이며 그 진리를 증거하는 행위입니다. 이처럼 사람들은 각자의 삶에서 가치 있다고 여기는 것에 반응하며 살아갑니다.

그러면 내가 무엇을 가치 있게 여기는지는 어떻게 알 수 있을까요? 바로 그 가치를 얻기 위해 내가 어떤 희생과 대가를 치를 수 있는지를 보면 알 수 있습니다. 그런 점에서 '예배'는 '보화를 발견한 사람들의 자발적인 희생과 헌신'인 것입니다. 현재 우리 마음의 중심을 사로잡고 있는 최고의 가치가 바로 우리가 예배하는 대상입니다. 예배란 단순한 종교적 의식이나 행사가 아닙니다. 내 삶의 가치, 즉 내 삶의 중심이 어디를 향하는지와 직결된 문제입니다. 진정한 예배는 우리 인생에서 발견한 최고 보물이신 하나님을 내 삶의 최고 가치로 인정하는 것입니다. 또한 그 가치에 합당한 희생과 대가를 통해 하나님을 높이고 증거하는 행위입니다.

가인의 제사는 아벨의 제사와는 다르게 하나님을 사랑하는 마음이 빠져 있었기 때문에 가인 스스로도 제물을 준비하고 하나님께 드리는 것에 최선을 다할 수가 없었습니다. 가인이 제물을 드린 행위는 단지 의무에 불과했습니다. 내용 없는 형식에 불과했던 것입니다.

오늘날에도 교회에 와서 예배를 구경만 하고 가는 사람들이 있습니다. 매 주일마다 열심히 교회에 나오지만 예배의 중요한 의미를 깨닫지 못한 채 그저 종교적 의무만을 다하는 사람들이 있다는 것입니다. 성경은 그런 사람들을 이사야 선지자의 입을 통해 '내 마당만 밟고 가는 사람들'이라고 부르고 있습니다.

> 너희가 내 앞에 보이러 오니 이것을 누가 너희에게 요구하였느냐 내 마당만 밟을 뿐이니라(사 1:12).

혹 우리 자신도 가인과 같이 예배의 가치를 깨닫지 못하거나 무시한 채 예배의 모양만 갖추고 예배의 행위만을 반복하는 잘못을 범하지는 않는지 살펴보아야 할 것입니다.

2) 동기와 목적

가인의 제사와 아벨의 제사가 보여주는 두 번째 차이점은 제물을 드리는 자의 중심, 즉 동기와 목적에 있습니다. 다시 창세기 4장 4-5절을 보면, 여호와께서 아벨과 그의 제물은 받으셨으나 가인과 그의 제물은 받지 않으셨다고 했습니다.

우리는 이 구절에서 성경이 '아벨의 제물', '가인의 제물' 식의 소유격으로 표현하지 않고 있는 점에 유의할 필요가 있습니다. 성경은 '아벨과 그의 제물', '가인과 그의 제물'로 표현합니다. 이것은 하나님이 두 사람의 제물만 보신 것이 아니라, 제물 이전에 가인과 아벨의 신앙 인격과 마음의 중심을 보셨다는 것을 의미합니다.

하나님이 찾으시는 '신앙 인격'과 '마음의 중심'을 한 단어로 축약하면, 히브리서 11장 4절에서 말씀하고 있는 바로 '믿음'으로 말할 수 있습니다.

> 믿음으로 아벨은 가인보다 더 나은 제사를 하나님께 드림으로 의로운 자라 하시는 증거를 얻었으니 하나님이 그 예물에 대하여 증언하심이라 그가 죽었으나 그 믿음으로써 지금도 말하느니라(히 11:4).

아벨은 마음과 뜻과 힘을 다한 믿음의 제사를 드림으로 하나님에게 형 가인보다 나은 예배자라 칭찬받았고 또한 의인이라 인정받았습니다. 그러므로 믿음이 없이 예배를 드린다는 것은, 하나님이 베푸신 은총에 대한 응답으로 그분 앞에 감사와 찬송과 영광을 돌려드리려는 동기와 목적이 아닌, 뭔가 자신이 원하는 것을 얻기 위한 다른 동기와 목적을 가지고 하나님께 나아가는 것이라고 할 수 있습니다.

이러한 다른 동기와 목적을 가지고 신앙생활을 하는 사람들을 향해 성경은 '두 마음을 품은 자'라고 고발합니다.

> 오직 믿음으로 구하고 조금도 의심하지 말라 의심하는 자는 마치 바람에 밀려 요동하는 바다 물결 같으니 이런 사람은 무엇이든지 주께 얻기를 생각하지 말라 두 마음을 품어 모든 일에 정함이 없는 자로다(약 1:6-8).

이와 같이 많은 기독교인들이 예배에는 참석하지만 진정으로 예배하지 않을 때가 많습니다. 자신의 개인적인 유익을 위해서만 예배를 드린다면 결코 하나님이 기뻐 받으시는 예배가 될 수 없습니다. 아벨은 무엇을 받기 위한 동기나 목적을 가지고 하나님께 제사를 드린 것이 아니라 하나님이 베푸신 은총에 그저 감사하는 마음으로 제사드렸음을 기억해야 합니다.

3) 감사

> 감사함으로 그의 문에 들어가며 찬송함으로 그의 궁정에 들어가서 그에게 감사하며 그의 이름을 송축할지어다(시 100:4).

우리의 인생에서 먹고, 입고, 숨 쉬고, 걸어다니고 우리의 오장육부가 정상적으로 움직이는 것 등을 생각하면 모든 것이 하나님의 은혜입니다. 하나님은 우리의 생명을 창조하셨고 그 생명이 유지

될 수 있도록 날마다 은혜를 베풀어주십니다.

아우구스티누스는 "죄를 짓는 것도 하나님의 은혜다"라고까지 말하였습니다. 우리가 죄를 짓는 즉시 하나님이 우리를 심판하신다면 살아남을 사람이 결코 없을 것이기 때문입니다.

그러므로 우리는 사죄의 은총 안에서 사는 것 하나만 가지고도 감사함으로 주께 나아가 예배할 수 있어야 할 것입니다.
하나님의 마음에 합한 예배자였던 다윗은 이렇게 고백합니다.

> 주께서 생명의 길을 내게 보이시리니 주의 앞에는 충만한 기쁨이 있고 주의 오른쪽에는 영원한 즐거움이 있나이다(시 16:11).

예배의 본질은 하나님 안에서 누리는 충만한 기쁨과 넘치는 만족감입니다. 예배의 본질이 '하나님 안에서 만족하는 것'이라는 뜻은 예배는 더 이상 다른 어떤 것을 얻기 위한 도구가 되어서는 안 된다는 것입니다.

다시 말해서 "하나님, 저는 하나님 안에서 만족한 후 또 다른 것을 얻고 싶습니다"라고 말할 수 없다는 것입니다. 즉, 돈을 벌기 위해, 청중을 사로잡기 위해, 병을 고치기 위해, 문제해결을 위해, 어떤 프로젝트를 달성하기 위해 예배할 수 없다는 말입니다.

기독교 신앙은 다른 종교와는 근원적으로 다릅니다. 기독교는 관계를 중요시합니다. 특히 하나님과 사람과의 관계, 사람과 사람과의 관계에 있어서는 인격이 매우 중요시됩니다. 일방적인 관계가 아닌 상호적인 관계에서 인격적이고 친밀한 교제를 추구하는 것이 기독교의 특징입니다. 그렇기 때문에 우리는 하나님이 우리를 인격적으로 대우하신다는 사실을 알고, 우리도 하나님을 인격적으로 섬겨야 합니다.

하나님을 경외하는 예배자는 하나님을 알고, 하나님을 사랑하고, 하나님을 존중합니다. 하나님을 인간의 욕망을 충족하기 위한 수단으로 여기지 않습니다. 그는 오직 하나님과의 관계 안에서 만족과 즐거움을 누리며, 하나님의 은혜에 대한 반응으로써 감사와 찬양의 제사를 드립니다.

4) 삶

믿음이 없이 드린 예배와 믿음으로 드린 예배의 차이점은, '교회 밖에서의 일상을 믿음으로 살았는가?' 아니면 '믿음과 상관없이 살았는가?'에 있습니다.

하나님은 교회 안에만 갇혀 계시는 분이 아니며 또한 예배당 안에서 우리가 드리는 예배의 모습만을 잠깐 살펴보셨다 가시는 분도 아니십니다. 하나님은 언제나 어디에나 실재하시며 역사하시는 분이기 때문에 주일 예배 시간만이 아니라 우리의 모든 시간과 공간을 주목하여 살펴보십니다.

물론 우리가 일주일 동안 세상에 살면서 죄를 전혀 짓지 않을 수 있다면 얼마나 좋겠습니까! 그러나 우리는 넘어지기 쉬운 죄성을 가진 연약한 존재이므로 부지 중에 실수하고 범죄할 수 있습니다. 그렇다고해서 우리의 예배를 엿새 동안 죄짓고 살다가 주일날 세차장에 세차하러 온 정도로 만족해서는 안 됩니다. 엿새 동안 전혀 하나님이 없는 삶을 살다가 주일날 교회에 나와 주님의 이름을 일주일 만에 처음 부르는 것이 되어서도 안 됩니다.

하나님이 가인의 제사를 기뻐 받으실 수 없었던 까닭은, 제물을 드리러 하나님 앞에 서기까지 진정 하나님이 주목할 만한 선한 삶이 가인에게는 하나도 없었기 때문입니다.

창세기 4장 7절에서 자신의 제물을 하나님이 받지 않으셨다고 해서 심히 분하여 안색이 변한 가인을 향해 하나님이 이렇게 말씀하십니다. "네가 선을 행하면 어찌 낯을 들지 못하겠느냐?" 하나님이 가인의 제사를 받지 않으신 이유는 바로 그 제사 이전까지 그가 살아온 삶에서 하나님이 보시기에 선한 것을 찾으실 수 없었기 때문인 것입니다.

리우리 하우엘이라는 학자가 말하기를 언어에는 두 가지 종류가 있다고 했습니다. 하나는 '말의 언어'이고 또 하나는 '관계성의 언어'입니다. '관계성의 언어'라는 것은 말하지 않고 느낌이나 그 외의 다른 수단으로 의사를 전달하는 언어입니다. 수십 년 만에 만난 이산가족에게는 말이 필요 없습니다. 그저 껴안고 눈물 흘리는 것 안에 수만 마디의 언어가 포함되어 있기 때문입니다. 엄밀히 이야기하면 말의 언어보다 관계성의 언어가 더 중요합니다.

　하나님도 말의 언어보다는 관계성의 언어를 살피십니다. 즉 우리의 기도소리 자체보다 그 기도가 '올바른 소원인가?', '삶이 바른 자의 기도인가?'를 먼저 살피신다는 것입니다. 잠언의 말씀이 이를 증거하고 있습니다.

> 악인의 제사는 여호와께서 미워하셔도 정직한 자의 기도는 그가 기뻐하시느니라(잠 15:8).

　하나님은 기도하는 사람, 즉 예배자의 삶을 살피십니다. 행위가 구원의 조건은 아니지만 구원의 결과는 되어야 합니다. '예배 따로, 생활 따로' 식의 삶은 하나님이 결코 기뻐하지 않으십니다. 예배가 생활의 시작이고 곧 마지막이어야 합니다.

　하나님을 예배하는 정신으로 일상을 살아갈 때, 생활 중에 발생한 문제들이 예배 가운데 해결되는 것을 경험하게 될 것입니다. 그렇기 때문에 예배가 삶이 되고 삶이 예배가 되어야 합니다. 언제나 최고의 사랑과 정성으로, 감사로, 그리고 감동 있는 삶으로, 아벨의 제사처럼 하나님이 기뻐 받으시는 예배를 드려야 할 것입니다.

6
기쁨으로 나아가다

예배; 하나님과의 만남 앞에서 설명한 것처럼 예배의 본질을 설명하는 중요한 정의 중 하나는 '하나님과의 만남'입니다. 이 하나님과의 만남이 어떤 차원의 것이냐에 따라서 우리 인생의 행복의 질이 달라질 수 있기 때문입니다. 우리의 삶에서 살아 계신 하나님을 실제로 만나고 경험하게 된다면 우리는 분명히 다른 삶을 살게 될 것입니다.

성경은 수많은 인물들 가운데 다윗에 대해 하나님의 마음에 맞는 사람이었다고 증언합니다(삼상 13:14, 행13:22). 항상 전심으로 하나님을 예배하였고, 어린아이처럼 기쁨으로 예배하였으며, 사모함과 순전함으로 뜨겁게 예배했던 사람이 바로 다윗입니다.

천 년의 세월을 거쳐 완성되었다고 하는 150편의 시편 가운데

73편이나 되는 시편을 다윗이 지었습니다. 다윗은 이 수많은 시편을 통해서 하나님에 대한 자신의 신앙고백을 노래와 시로 그리고 간증과 감사의 고백으로 나타냈습니다.

우리는 하나님의 마음에 맞는 사람 다윗이 하나님을 예배하는 모습을 통해 예배는 '하나님의 임재와 은총에 대한 감사와 기쁨과 헌신의 반응'이라는 또 하나의 정의를 내릴 수 있을 것입니다.

다윗은 목동의 집안에서 이새의 막내아들로 태어났습니다. 그는 '하나님 제일주의' 신앙을 소유한 철저한 신본주의의 사람이었으며, 하나님의 마음에 맞는 자가 되어 통일 이스라엘의 주권자인 왕이 되었습니다. 다윗이 왕이 된 후 제일 먼저 하고자 했던 일은 하나님의 법궤를 다윗성으로 옮겨오는 것이었습니다.

법궤는 하나님의 임재와 하나님의 인도하심을 상징합니다. 이스라엘 백성들이 행진할 때면 언제나 법궤가 맨 앞에 섰습니다. 이스라엘 백성들은 법궤에 대한 자부심이 대단했습니다. 다윗이 왕이 된 후 제일 먼저 '법궤 운반'을 추진한 것은 당연한 일입니다.

당시 하나님의 법궤는 엘리 제사장 때에 블레셋 군에게 빼앗겼다가(삼상4:1-11) 기럇여아림에 사는 아비나답의 집으로 옮겨졌으며 다시 오벳에돔의 집에 옮겨져 보관되고 있었습니다(삼상7:1, 삼하6:3-10, 대상13:7-14). 우여곡절 끝에 그리고 백성들의 헌신적인 협력에 힘입어 드디어 하나님의 법궤가 다윗성으로 올라오게 되었는데, 이때 다윗은 왕의 옷을 벗고 제사장이 입는 베 에봇을 입고 기쁨의 춤을 추었으며, 백성들은 나팔을 불며 축제를 벌였습니다.

그러나 스스로 이 축제에서 제외되었고 결국에는 하나님의 진노 속에 빠진 한 사람이 있었습니다. 바로 미갈입니다. 그녀는 다윗의 아내, 즉 한 나라의 왕비였음에도 성경은 그녀를 그저 '사울의 딸' 로만 기록하고 있습니다. 그녀는 다윗이 벌인 축제의 예배를 창문을 통해 내려다보면서 마음에 업신여김을 가졌습니다(삼하6:16절). 그리고 그 마음처럼 다윗을 직접적으로 비난했습니다. "오늘 이스라엘의 왕이 정말 볼만하시더군요. 신하의 계집종들 앞에서 몸을 드러내시다니요"(삼하 6:20, 우리말성경).

예배의 요건

1) 삶의 중심

다윗처럼 하나님의 임재 앞에 기쁨으로 반응하며 예배하는 사람과 그렇지 못한 사람은 어떤 차이가 있을까요? 그것은 곧 '예배가 삶의 중심'인 사람과 '예배가 삶의 주변'인 사람의 차이로 말씀드릴 수 있습니다.

다윗에게는 언제나 하나님을 높여드리는 예배가 삶의 중심이었습니다.

> 내가 여호와께 바라는 한 가지 일 그것을 구하리니 곧 내가 내 평생에 여호와의 집에 살면서 여호와의 아름다움을 바라보며 그의

성전에서 사모하는 그것이라(시 27:4).

그의 아들 솔로몬도 본래는 아버지 다윗의 영향을 받아서 예배를 소중히 여길 줄 아는 사람이었습니다. 그래서 솔로몬은 자신이 왕위에 오르자마자 하나님께 일천 번제를 드렸습니다(왕상 3:4). 아브라함도 예배가 삶의 중심인 사람이었습니다. 그는 가는 곳마다 하나님을 위하여 단을 쌓았습니다.

예배의 창안자는 하나님이십니다. 범죄함으로 하나님과 멀어진 인간들에게 하나님을 다시 만날 수 있도록 길을 열어주셨는데 그것이 곧 예배입니다. 이 예배는 철저히 하나님 쪽을 향해 있습니다. 하나님은 예배의 창안자이며 주인이고, 연출자이며 관객이십니다.

그런데 많은 교회에서 예배가 진행되는 모습을 유심히 관찰해 보면, 예배자(성도)들이 관객이 되어 편안한 자리에 앉아서 공연을 관람하듯이 예배를 관람하고 입장료(헌금)를 내고 돌아가는 것을 보게 됩니다.

그렇다면 진정한 예배는 어떤 모습이어야 하겠습니까? 그것은 성도들이 배우가 되어 열심히 공연을 해서 관객이신 하나님을 기쁘게 해드리는 것입니다. 예배 시간에 우리가 앉은 자리는 사실 관람석이 아니라 하나님을 기쁘게 하기 위한 무대입니다. 그리고 설교 강단이 오히려 하나님이 좌정하시는 관람석의 자리인 것입니다. 이러한 사실을 우리가 올바로 인식하지 못한 결과 여전히 예배를 관람하고 있는 것입니다.

　찬송으로 하나님을 기쁘게 해야 할 시간에 입을 굳게 다물고 있다면 그것은 엄밀히 말해서 하나님께 예배를 드리는 것이 아니라 자기가 예배를 받으려고 하는 것과 같습니다. 아버지 앞에 재롱을 떨어야 할 때 도리어 자기가 아버지의 자리에 앉아 다른 사람의 재롱(예배)을 구경하고 있는 셈입니다.

　과거에 큰 인기를 누렸던 드라마 〈대장금〉에서 주인공 장금이가 자신이 사랑하는 남자인 민정호에게 음식을 정성스럽게 만들어 전하면서 이렇게 말했습니다. "음식을 만드는 사람은 이 음식을 드시는 분이 음식 맛을 보며 웃는 모습을 상상하며 준비합니다." 이는 당시 임금님의 수라상에 올라가는 음식을 만들던 여인의 고백입니다. 그렇다면 우리도 역시 '만왕의 왕이신 하나님께 올려 드리는 예배로 인하여 하나님은 얼마나 기뻐하실까?' 하는 기대감과 그 모습을 상상하며 최선을 다해 감사와 찬송과 경배를 드려야 하지 않겠습니까?

2) 만족함

다윗은 하나님의 임재 앞에 기쁨으로 반응하며 예배하는 사람일 뿐만 아니라 하나님 한분만으로 만족하고 기뻐했던 사람이었습니다. 그러나 미갈은 그렇지 못했습니다. 두 번째로 우리가 살펴볼 것은 '하나님으로 만족하는가 아니면 하나님의 것으로 만족하는가'에 관한 것입니다.

다윗에게는 지난 오랜 세월 동안 수많은 시련을 통과하여 왕이 된 것도 기쁜 사실이었지만, 법궤를 다윗성으로 옮겨오면서 느꼈던 기쁨이 그보다 훨씬 더 큰 것이었습니다. 이 기쁨은 하나님께로부터 오는 신령한 것이었기 때문입니다.

이것은 세상이 주는 것과 전혀 다른 것입니다. 세상이 주는 기쁨은 주로 돈이 생겼다든지, 권세가 생겼다든지, 재밋거리가 생겼다든지 할 때 기분이 좋은 상태를 말합니다. 이런 것들은 다분히 조건적이며 상대적입니다. 일시적이고 가변적입니다. 그러나 그 무언가가 없어지면 그 기쁨도 안개처럼 사라집니다. 혹 그 무언가가 그대로 있다고 해도 금세 더 큰 욕심이 생기므로 마음속에는 불안과 불만이 생기게 됩니다. 한 가지를 가지면 더 많은 것을 갖고 싶고, 한 가지를 이루고 나면 더 많은 것을 이루고 싶은 것이 인간의 본능적인 욕망이기 때문입니다.

"바다는 메울 수 있어도 사람의 욕심은 못 메운다"라는 말이 있습니다. 채울 수 없는 것이 사람의 욕심이라는 말입니다. 인간의 욕심은 무한합니다. 솔로몬은 이런 사실을 뼈저리게 느끼고 이렇게 고백합니다.

모든 강물은 다 바다로 흐르되 바다를 채우지 못하며 강물은 어느 곳으로 흐르든지 그리로 연하여 흐르느니라 … 눈은 보아도 족함이 없고 귀는 들어도 가득 차지 아니하도다(전 1:7-8).

세상이 주는 기쁨을 따라가다 보면 반드시 실망할 때가 옵니다. 채울 수 없는 마음을 부여잡고 탄식하게 됩니다. 그러므로 우리는 세상이 주는 기쁨이 아니라 하나님이 주시는 기쁨을 구해야 합니다. 그것이 진정한 행복의 길입니다.

하나님을 떠난 인간의 마음은 죄로 인해 '밑 빠진 독'과 같이 되었습니다. 세상의 그 무엇으로도 채울 수 없어 공허할 뿐입니다. 그러나 십자가의 은총으로 죄에서 구원받은 영혼은 하나님으로 채움 받을 수 있습니다. 하나님이 주시는 기쁨으로 충만해집니다. 그 무엇으로도 채울 수 없는 무한한 인간의 마음을 오직 하나님만이 채우실 수 있습니다. 하나님만이 진정한 기쁨의 원천이십니다.

다윗은 그 사실을 깨달은 사람입니다. 오직 하나님 한분만이 자신에게 최상의 기쁨이며 하나님 앞에 나아갈 때 기쁨이 충만하다는 것을 아는 예배자였습니다. 그가 쓴 시편에서 그 기쁨의 노래를 발견할 수 있습니다.

> 그런즉 내가 하나님의 제단에 나아가 나의 큰 기쁨의 하나님께 이르리이다 하나님이여 나의 하나님이여 내가 수금으로 주를 찬양하리이다(시 43:4).

주께서 생명의 길을 내게 보이시리니 주의 앞에는 충만한 기쁨이 있고 주의 오른쪽에는 영원한 즐거움이 있나이다(시 16:11).

예수님도 말씀하셨습니다.

내가 주는 물을 마시는 자는 영원히 목마르지 아니하리니 내가 주는 물은 그 속에서 영생하도록 솟아나는 샘물이 되리라(요 4:14).

또 다윗이 이렇게 노래합니다.

주께서 내 마음에 두신 기쁨은 그들의 곡식과 새 포도주가 풍성할 때보다 더하니이다(시 4:7).

농부에게 가장 기쁜 순간이 언제입니까? 당연히 수확할 때입니다. 그런데 하나님이 주시는 기쁨은 그때의 기쁨보다 더 크다는 것입니다. 다윗은 수많은 고난의 자리에서 자신을 구원의 길로 인도하신 하나님의 은혜를 늘 잊지 않고 있었습니다. 그래서 왕의 자리에 있을 때에도 하나님의 임재를 상징하는 법궤가 다윗성으로 돌아오게 되자 그는 춤을 추고, 어린아이처럼 기뻐 뛰면서 하나님을 예배했습니다. 그러나 반대로 미갈은 사울의 왕의 딸로 자라면서 분에 넘치는 은혜를 누리며 살았지만 전혀 감사가 없고 찬양이 없고 기쁨도 없었습니다.

오늘날에도 미갈과 같은 예배자가 얼마나 많습니까? 하나님을 예배한다고 하면서도 십자가를 통한 구원의 감격이 없고, 기쁨이 없고, 감사가 없는 사람들 말입니다. 그들은 굳어진 마음으로 죽은 예배를 드리고 있을 뿐입니다. 다윗은 오직 하나님 한분만으로 만족했습니다. 그의 짤막한 고백에 그의 기쁨이 표현되어 있습니다.

> 여호와는 나의 목자시니 내게 부족함이 없으리로다(시 23:1).

누군가가 이 구절을 북한 성경으로 찾아보았는데 새로운 느낌을 받을 수 있었다고 합니다. "여호와는 나의 목자시니 아쉬울 것 없어라."

하나님이 나와 함께해 주신다면 정말 아쉬울 게 없습니다. 온 세상의 주인이시고 우리의 아버지이신 하나님이 나와 함께하시면 그 기쁨을 무엇에 비할 수 있겠습니까? 다윗은 그 비밀을 알고 누렸던 사람입니다. 그래서 법궤를 예루살렘으로 운반해 올 때 하나님을 모시는 심정으로 그처럼 즐거워하고 기뻐했던 것입니다.

오프라 윈프리(Oprah Winfrey)는 전 세계적으로 유명한 토크쇼의 여왕입니다. 한번은 그녀가 진행하는 토크쇼가 〈아무리 터무니없는 꿈이라도 이루어진다!〉라는 주제로 진행된 적이 있었습니다. 이날 토크쇼에는 깜짝 놀랄 만한 선물이 준비되어 있었습니다. 그것은 사연을 보내온 사람들 중 선별된 11명의 방청객들에게 각각 3,360만원 상당의 자동차를 선물로 주는 것이었습니다. 이날 아무 것도 모른채 방청객으로 왔던 사람들이 자신이 그 행운의 주인공으로 당첨되었다는 사실을 알게 되었을 때, 그리고 자동차를 선물로 받았을 때 그들의 표정은 어떠했겠습니까? 감격과 환희 그 자체였습니다. 기쁨에 겨워 어찌할 바를 몰랐습니다.

이처럼 우리는 자동차 한 대가 선물로 주어졌을 때에도 새롭게 집을 단장할 수 있게 되었을 때에도 감격하고 기뻐서 그 흥분을 이기지 못합니다. 하물며 우리는 하나님께로부터 어떤 선물을 받았습니까? 지옥 대신 천국을 선물로 받았습니다. 할렐루야!

우리나라는 36년 동안 일제강점기에 놓였던 적이 있었습니다. 드디어 1945년 8월 15일 그 압박과 설움에서 해방되었던 그날의 모습은 어떠했겠습니까? 한반도 구석구석마다 해방의 감격에 겨워 춤을 추면서 온 동네방네를 뛰어다니는 사람들로 가득했을 것입니다. 이러한 모습이 성경에도 나와 있습니다.

출애굽기 15장에 보면, 이스라엘 백성들이 430년 동안 애굽에서 종살이를 하다가 하나님의 은혜로 드디어 출애굽을 하는 과정에서 홍해 바다를 육지같이 건너는 경이로운 체험을 하게 됩니다. 또한 자신을 뒤쫓아오던 애굽의 군사들이 모두 홍해 바다에 빠져 수장이 되는 것을 직접 눈으로 보게 됩니다. 그때의 감격을 이스라엘 백성들은 이렇게 표현하고 있습니다 바로의 말과 병거와 마병이 함께 바다에 들어가매 여호와께서 바닷물을 그들 위에 되돌려 흐르게 하셨으나 이스라엘 자손은 바다 가운데서 마른 땅으로 지나간지라 아론의 누이 선지자 미리암이 손에 소고를 잡으매 모든 여인도 그를 따라 나오며 소고를 잡고 춤추니 미리암이 그들에게 화답하여 이르되 너희는 여호와를 찬송하라 그는 높고 영화로우심이요 말과 그 탄 자를 바다에 던지셨음이로다 하였더라(출 15:19-21).

구원받은 감격이 너무 커서 저들은 자발적으로 춤을 추게 되었고 기쁨으로 하나님을 찬양했습니다.

우리도 다윗처럼 하나님의 창조와 구속하심과 보호하심의 은혜를 기억하고 되새김으로써 그분의 임재와 은총 앞에 늘 기쁨으로 감격하며 예배할 수 있어야 하겠습니다.

3) 어린아이처럼

하나님의 임재 앞에 기쁨으로 반응하며 예배하는 사람(다윗)과 그렇지 못한 사람(미갈)의 또 한 가지 차이가 있습니다. 그것은 하나님의 임재 앞에서 체면을 떨쳐버리고 어린아이처럼 감격으로 뛰노는 사람과, 사람이든 하나님 앞이든 항상 체면을 차리는 사람의 차이입니다.

예수님은 '천국은 어린아이의 마음을 가진 자라야 들어갈 수 있는 곳'(눅18:16)이라고 말씀하셨습니다. 그런데도 혹시 우리는 하나님의 은혜 안에서 신앙생활하면서도 미갈처럼 체면과 위신에 여전히 매여 있지는 않습니까?

사람들이 세상을 살아가면서 자주 사용하는 말 중의 하나가 '체면'이란 단어입니다. '체면 때문에 어쩔 수 없다', '체면을 구겼다', '체면이 말이 아니다', '체면을 세워야겠다', '체면 좀 차려라' 등이 그것입니다. 더 유심히 살펴보면, 의식주의 선택, 승용차의 구입, 진학 및 취업, 학교성적과 진급, 선물의 선택, 명절맞이 인사, 결혼예물 등 다른 사람의 이목을 끌 가능성이 있는 것이면 어떠한 행위나 소유물도 체면과 관련되지 않은 것이 없을 정도입니다. 그래서 한국의 옛말에도 이러한 것들이 있습니다.

"사흘을 굶어도 남 앞에서는 이빨을 쑤신다", "양말은 헐어도 구두는 번지르르하게 닦아 신는다" 등….

그러나 '체면'은 '외식과 형식'이라는 데 문제가 있습니다. 다시 말해 '속과 겉'이 다른 모습으로 자신을 포장하는 것이 곧 '체면'이라는 말입니다. 하지만 체면을 가지고는 주님을 만날 수 없습니다. 체면을 버리지 않으면 온전한 신앙생활을 할 수가 없습니다. 주님 앞에서는 오직 어린아이와 같이 정직하고 깨끗하고 순전한 마음을 가져야 합니다.

사무엘하 6장 본문에서 볼 수 있듯이, 다윗은 왕으로서의 체면을 생각하지 않고 오직 하나님 앞에서 어린아이와 같이 순전한 마음으로 예배하고 있습니다. 다윗은 에봇을 입고서 하나님의 법궤 앞에서 힘을 다하여 춤을 추며 즐겁게 노래하고 나팔을 불면서 하나님의 다윗성 입성을 환영하고 축하했습니다. 왕이 되었을 때도 이렇게 기뻐하지 않았습니다. 전쟁에서 승리하고 나라가 크게 흥왕할 때에도 이토록 기뻐하며 춤을 추어본 적이 없습니다. 그런데 오랫동안 빼앗겼다가 다시 돌아온 법궤 앞에서는 힘을 다해 춤을 추었습니다. 체면도 아랑곳하지 않고 몸을 흔들며 흥겹게 춤을 추는 바람에 옷이 벗겨졌을 정도였습니다.

그의 춤은 하나님 앞에 드리는 순전한 기쁨의 표현이요 감격이었습니다. 춤을 추었던 다윗은 이스라엘 역사상 가장 위대한 왕이 되었지만, 체면을 중시하여 자신의 남편을 비난했던 미갈은 결국 저주를 받았습니다. 그녀는 죽을 때까지 자식을 낳지 못하는 수모 가운데에서 살게 되었습니다(삼하 6:23).

하나님 앞에서 우리의 권위와 체면은 보잘것이 없습니다. 우리는 하나님을 기쁘게 하고, 하나님께 영광을 돌리기 위해 선택된 하나님의 자녀들입니다. 그러므로 우리는 하나님 앞에서 어린아이처럼 순수해야 합니다.

하나님 앞에서는 그 어떤 상황에서도 체면을 버려야 합니다. 누가복음 19장에 등장하는 삭개오가 만약 예수님을 만나는 것보다 자신의 체면을 더 중요하게 생각했다면 그는 구원도 복도 받지 못했을 것입니다. 삭개오는 당시의 세리장이었고 부자였습니다. 명예와 권세도 있었습니다. 좋은 옷을 입었습니다. 그런데도 예수님을 보고자 하는 간절한 마음 때문에 어린아이처럼 뽕나무에 기어 올라갔습니다. 자신이 가진 높은 신분이나 입고 있던 좋은 옷은 주님을 만나고자 하는 열망 앞에서는 아무것도 아니었습니다. 그때 예수님이 삭개오를 먼저 보시고 "내가 오늘 네 집에 유하리라"고 말씀하셨으며, 그날에 그의 집이 다 구원을 받고 아브라함의 자손이 되는 복을 받았습니다.

다윗은 법궤를 장막 안에 옮겨놓고 가족들을 축복하기 위해 왔을 때, 아내 미갈로부터 비난의 말을 듣게 되었습니다. 그 말을 듣고 다윗이 뭐라고 대답합니까?

> 다윗이 미갈에게 이르되 이는 여호와 앞에서 한 것이니라 그가 네 아버지와 그의 온 집을 버리시고 나를 택하사 나를 여호와의 백성 이스라엘의 주권자로 삼으셨으니 내가 여호와 앞에서 뛰놀리라 내가 이보다 더 낮아져서 스스로 천하게 보일지라도 네가 말한 바 계집종에게는 내가 높임을 받으리라 한지라(삼하 6:21-22).

다윗이 매우 중요한 고백을 하고 있습니다. "내가 여호와 앞에서 뛰놀리라"는 말의 의미가 무엇입니까? "나는 예배를 통해서 하나님을 만나고 있다"는 뜻입니다. 자기가 춤추었던 바로 그 자리가 하나님을 만나는 자리였다는 것입니다.

우리의 예배도 마찬가지입니다. 예배하기 위해 교회에 왔지만 하나님과 만남을 경험하지 못하고 그냥 교회 문을 나서는 사람에게 교회란 여전히 낯선 곳인 동시에 무의미한 장소일 수밖에 없습니다. 반대로, 교회에 와서 예배하는 가운데 하나님과 만남을 경험한 사람에게 교회는 단순히 건물이 아닌, 하나님이 계신 성전이 되는 것입니다.

우리 안에 있는 '미갈'을 제거하기를 바랍니다. 명성이나 체면 때문에 하나님과의 만남이 깊어지지 못하고 있다면 참으로 안타까운 일입니다. 다윗의 마음을 품으시기를 바랍니다. 하나님의 법궤 앞에서, 주의 임재 앞에서 어린아이처럼 춤추며 반응하는 예배자 다윗처럼 언제나 감사와 감격과 기쁨으로 주님의 보좌 앞에 나아가 예배하기를 바랍니다. 그러면 하나님이 다윗에게 허락하셨던 놀라운 은혜와 복을 우리도 누릴 것입니다.

내가 여호와 앞에서 뛰놀리라(삼하 6:21).

7
거룩함으로 나아가다

트랜스포머 Transformer   세상의 문명은 날이 갈수록 발달하고 있는데 도리어 세상을 살기는 점점 더 어려워지고 있는 것 같습니다. 평안한 것 같지만 평안이 없는 세상이 되어가는 것 같습니다. 오히려 문명이 발달하기 전에는 다소 삶의 자리가 불편했어도 사람들 마음에 평안이 있었습니다. 담장 없이도 살았고, 이웃과 더불어 삶의 기쁨을 나누며 살았었습니다.

그러나 오늘날에는 문명이 고도로 발전된 사회에 살면서도 삶이 매우 불안합니다. 차마 상상하기조차 어려운 범죄와 고통스런 일들이 하루에도 수없이 벌어지고 있는 것이 현실입니다. 그래서 사람마다 세상에 대하여 생각하는 바도 다르고 저마다 살아가는 방식도 다릅니다.

세상을 살아가는 사람들의 삶의 방식을 크게 세 가지로 나누어 볼 수가 있습니다. 첫째는, 세상에 동화되어 사는 사람(assimilated) 입니다. 어차피 세상이 악하다고 해도 세상을 떠나 살 수는 없고 세상을 내 힘으로 바꿀 수도 없다면 적당히 세상과 타협하며 살기로 마음먹은 사람들입니다. 적당히 세상과 얽혀 죄와 더불어 살아가는 삶입니다.

둘째는, 세상과 분리되어 사는 사람(dissimilated)입니다. 더럽고 추한 세상, 죄악 많은 세상에서는 도저히 함께 살 수가 없다고 생각해서 현실로부터 떠나는 것입니다. 과거 기독교의 역사 가운데에서 찾아볼 수 있는 비슷한 사례로는 수도원 운동을 들 수가 있습니다. 그들은 세상과는 절대 타협할 수 없기 때문에 세상으로부터의 관심을 거부하고 또 세상에 대한 관심도 끊어버린 채 살아갔던 것입니다. 그러나 이러한 태도와 방법으로는 결코 세상을 바르게 변화시킬 수는 없습니다.

성경이 우리에게 제시하는 셋째는, 변혁자Transformer로 사는 삶입니다. 변혁자는 세상에 동화되거나 또는 세상과 분리되지 않으면서도 세상에 거룩한 변화와 영향력을 미치며 사는 사람을 말합니다. 일찍이 예수님은 이 땅에 오셔서 바로 그런 삶을 사셨고 자신을 따르는 사람들에게 말씀하셨습니다.

> 너희는 세상의 소금이 되고 세상의 빛이 되라´(마5:13-14).

산속이나 다른 곳에 은둔함으로 세상을 등지거나 도피하는 삶이 아니라, 세상의 한복판에 살면서 세상에 거룩한 영향력을 끼치라고 당부하신 것입니다. 그래서 오늘날까지 교회는 세상의 한복판에 세워져 있습니다. 세상에서 핍박을 당할지라도 도전적으로 세상 속에 들어가서 부패를 방지하고 맛을 내는 소금의 역할을 해야 하는 그리스도인의 정체성을 분명히 가르쳐주신 것입니다. 우리는 이 세상에 거룩한 영향력을 끼치도록 변혁자로 부름을 받았습니다.

예수님의 마지막 기도

이제 나는 아버지께로 갑니다. 내가 세상에서 이것을 아뢰는 것은, 내 기쁨이 그들 속에 차고 넘치게 하려는 것입니다. 나는 그들에게 아버지의 말씀을 주었는데, 세상은 그들을 미워하였습니다. 그것은, 내가 세상에 속하여 있지 않은 것과 같이, 그들도 세상에 속하여 있지 않기 때문입니다. 내가 아버지께 비는 것은, 그들을 세상에서 데려 가시는 것이 아니라, 악한 자에게서 그들을 지켜 주시는 것입니다. 내가 세상에 속하지 않은 것과 같이, 그들도 세상에 속해 있지 않았습니다. 진리로 그들을 거룩하게 하여 주십시오. 아버지의 말씀은 진리입니다. 아버지께서 나를 세상에 보내신 것과 같이, 나도 그들을 세상으로 보냈습니다. 그리고 내가 그들을 위하여 나를 거룩하게 하는 것은, 그들도 진리로 거룩하게 하려는 것입니다(요 17:13-19, 새번역).

요한복음 13장에서 17장까지는 예수님이 십자가를 지시기 전날 밤, 마지막으로 제자들에게 남기신 유언과 같은 중요한 설교를 담고 있습니다. 그중에서도 특히 17장은 앞의 네 장에 걸친 긴 설교의 핵심 요약이며 결론으로 제자들을 위한 예수님의 기도로 마무리됩니다. "저희를 진리로 거룩하게 하옵소서"가 바로 그 주제입니다. 이 기도는 십자가 사건을 바로 앞에 둔 시점에서 드려진 것으로 얼마나 간절한 주님의 바람이었던가를 알 수 있습니다.

레위기 11장 45절에서는 "내가 거룩하니 너희도 거룩할지어다"라고 말씀하고 있습니다. 하나님은 스스로 자신의 성품이 거룩하다 말씀하시면서 당신의 백성들에게도 그 거룩함을 본받아 살라고 분명하게 명령하십니다.

주님이 제자들을 위해 '저희로 하여금 이 세상에서 거룩하게 하옵소서'라고 기도하신 의미를 두 가지로 살펴보겠습니다.

거룩: '구별됨' 첫째, 헬라어로 '하기오스(άγιος)'라고 부르는 거룩의 의미에는 '구별한다'는 뜻이 있습니다. 이스라엘 사람들은 옷을 만들 때에 제사장이나 레위인들과 같이 경건한 직업을 가진 사람들의 옷에는 여러 가지 색을 섞어서 만드는 것을 피했다고 합니다. 왜냐하면 하나님은 섞는 것을 싫어하시기 때문이었습니다. 하나님은 당신의 성품을 따라 하나님의 백성들이 이 땅에서 세상 사람들과는 구별된 삶을 살아가기를 원하셨습니다. 하나

님의 백성들을 거룩할 '성(聖)'자를 써서 '거룩한 무리'라는 뜻의 '성도(聖徒)'라고 부르는 것도 그 이유에서 입니다. 그리고 일주일의 하루를 따로 구별해서 하나님만을 온전히 기억하는 날로 '안식일'을 제정하여 지키도록 하셨습니다. 그날을 "거룩히 지키라"고 제4계명을 통해 말씀하셨습니다.

스위스 제네바에 '빨렝빨레'라고 하는 큰 광장이 있는데 거기에는 120년 된 교회가 세워져 있습니다. 동네마다 교회가 있지만, 그 중에서도 가장 아름답게 건축되었기 때문에 제네바 시가 문화재로 지정하여 특별히 아끼고 있는 교회입니다. 그런데 그 예배당이 1999년도에 술집으로 변했습니다. 기독교가 쇠퇴한 유럽에서는 흔히 교회가 팔려서 술집이 되기도 하고, 내부가 개조되어 호텔이 되기도 합니다. 그래서 술집이 되었다고 하는 그 자체만으로는 그리 놀라운 일은 아닙니다.

그런데 놀라운 것은 그 교회의 경우, 예배당에 술집을 차린 사람이 그 교회의 담임목사였다는 사실입니다. 담임목사가 자기가 담임하고 있던 그 교회의 예배당에 술집을 차렸으니 떠들썩한 뉴스거리가 될 수밖에 없었습니다.

제네바의 한 신문 기자가 그 목사님을 찾아가 인터뷰를 했습니다. "왜 술집을 예배당에 차렸습니까?"라는 기자의 질문에 그 목사님이 이렇게 대답했다고 합니다. "오늘날 제네바의 모든 젊은이들이 다 술집에 빠져 있기 때문에 그들을 불러내기 위해서는 예배당 안에 술집을 차릴 수밖에 없지 않겠습니까?"

이것은 예수님이 우리를 위해 '세상에서 거룩하게 하옵소서' 하고 기도하신 내용과 정면으로 배치되는 행위입니다. 거듭난 그리스도인은 하늘의 시민권을 가진 사람입니다. 우리는 비록 세상 속에 살고 있지만, 예수 그리스도의 보혈의 공로와 능력을 통해 엄연히 세상 사람들과는 구별된 사람들입니다. 교회 또한 세상의 공동체와는 다릅니다. 그러므로 성도는 하나님이 깨끗케 하신 구속의 은혜를 따라 세상과 다른 '구별성'을 유지해야 합니다. 그러므로 우리는 물질과 더불어 살지만 물질의 노예가 되어서도 안 되고, 세상에 살지만 세속화되어서도 안 됩니다. 어떤 상황에서도 하나님의 백성답게 구별되어 거룩하게 살아가야 합니다.

거룩: '성결함' 주님께서 제자들을 위해 기도하신 내용, '저희로 하여금 이 세상에서 거룩하게 하옵소서'의 두 번째 의미는 성결입니다.

'거룩'이란 단어에는 '성결'의 의미가 포함되어 있습니다. 이사야 6장에는 선지자 이사야가 환상 중에 하나님의 보좌를 보는 장면이 나옵니다. 하나님을 보좌하는 천사들의 노래소리가 들려옵니다.

> 서로 불러 이르되 거룩하다 거룩하다 거룩하다 만군의 여호와여 그의 영광이 온 땅에 충만하도다 하더라(사 6:3).

그때 이사야 선지자는 거룩하고 영광스런 하나님의 모습을 대면하고는 두려워 떨며 이렇게 고백합니다.

> 그때에 내가 말하되 화로다 나여 망하게 되었도다 나는 입술이 부정한 사람이요 나는 입술이 부정한 백성 중에 거주하면서 만군의 여호와이신 왕을 뵈었음이로다 하였더라(사 6:5).

선지자의 그 고통에 찬 외침은, 하나님의 순백한 거룩성을 영적으로 대면함으로 가면을 쓰고 있던 자기 자신의 모습을 발견한 모든 사람의 느낌을 대변하고 있는 것입니다.

하나님의 거룩함이란 죄로 얼룩진 인간의 모습과는 대비되는 차원에서 어둠이 하나도 없으신 완전한 깨끗함이요, 죄가 하나도 없으신 순결함과 정결함을 의미하는 것입니다. 그야말로 빛의 충만이요, 영광의 충만한 상태를 말합니다. 그토록 거룩하신 하나님이 당신의 백성들에게 무엇을 요구하고 계십니까?

> 오직 너희를 부르신 거룩한 이처럼 너희도 모든 행실에 거룩한 자가 되라(벧전 1:15).

물론 하나님의 거룩하심과 인간의 거룩함에는 뛰어넘을 수 없는 차이가 있습니다. 하나님의 거룩은 인간의 거룩을 초월합니다. 인간이 이 땅에 사는 동안 아무리 거룩해지려고 노력을 한다 해도 하나님만큼 거룩해질 수는 없습니다. 그러나 그럼에도 하나님은 우리에게 거룩을 요구하고 계십니다. 이것은 하나님만큼 거룩해지라는 뜻이 아니라 하나님의 거룩하심을 표준으로 삼고 세상 속에서 하나님의 백성답게, 하나님의 자녀답게 구별되고 성결하게 살아가 주기를 원하시는 것입니다.

거룩해야 할 이유   요한복음 17장의 본문에서, 주님은 자신의 기도 내용을 통해 하나님의 자녀들이 이 땅에서 거룩하게 살아야 할 이유에 대해 말씀해주십니다.

첫 번째는 "악에 빠지지 않기 위함"입니다(15절). 우리가 가만히 있어도 세상은 우리를 저 아래로 끌어내립니다. 거룩을 향한 전진이 없으면 어느새 우리는 세상 밑바닥에 서 있는 자신을 보게 될지도 모릅니다. 그래서 사도바울은 갈라디아서 5장 16절에서 이렇게 권면하고 있는 것입니다. "성령을 좇아 행하라 그리하면 육체의 욕심을 이루지 아니하리라."

두 번째는, "진정한 기쁨으로 충만한 삶을 살기 위함"입니다(13절). 본문에 '거룩하게 하옵소서'와 '기쁨을 충만하게 하옵소서'라는 내용이 나란히 열거되어 있음을 주목해야 합니다. 거룩하게 함과 기쁨의 충만은 동시적인 역사입니다. 신령하고 깨끗하고 거룩할 때 진정한 행복과 기쁨과 은혜가 있습니다. 또한 창조적인 능력과 악을 이기는 승리와 하나님을 향한 찬양도 있는 것입니다.

천국이 어떤 곳이라고 생각합니까? 물론 가보지 않아서 잘 알 수는 없지만 매우 좋은 곳임에는 틀림없을 것입니다. 어떤 분이 '천국이 얼마나 좋은지 알 수 있는 증거가 있는데 그곳에 가서는 되돌아온 사람이 아무도 없기 때문이죠'라고 하는 말을 재미있게 들은 적이 있습니다.

천국이 어떤 곳인지를 성경적으로 설명하는데, H로 시작해서 Y로 끝나는 세 개의 영어 단어를 사용하는 방법이 있어서 소개합니다. 천국Heaven은 곧 3H로 구성됩니다. 우선은 세 개의 동심원을 그려보십시오. 첫 번째, 가장 바깥에 있는 동심원의 내용은 Happy, 행복입니다. 천국은 가장 기쁘고 행복한 곳입니다. 두 번째, 가운데에 있는 동심원의 내용은 Harmony, 조화입니다. 천국은 갈등과 다툼과 번민이 없이 모든 만물이 아름답게 어우러져 사는 조화의 나라입니다. 그것은 인간이 타락하기 전 에덴동산의 모습과도 같을 것입니다. 세 번째, 천국을 이루는 가장 가운데 있는 동심원의 내용은 Holy, 거룩입니다.

인간이 사는 세상의 관점에서 생각해볼 때에도, 천국과 같은 삶이란 기쁨이 충만한 행복 없이는 존재할 수 없습니다. 그런데 그 같은 행복은 또한 하모니, 즉 조화가 없이는 이루어질 수가 없습니다. 밤낮 다투면서 무슨 행복이 있겠습니까? 더 나아가서는 하모니, 즉 아름다운 조화를 이루기 위해서는 반드시 전제될 것이 있습니다.

그것이 바로 '거룩'입니다. 돈이나 술로 또는 정치적인 야합으로 일시적인 하모니를 이룰 수 있을지도 모릅니다. 깡패와 도둑의 세계에도 나름대로의 질서와 하나 됨의 조화가 있을 것입니다. 그러나 우리는 그것을 진정한 의미의 하모니라고 말하지 않습니다. 참된 하모니는 반드시 의로움과 진실함과 정결함, 달리 말하면 '거룩함'이 전제되어야 하는 것입니다.

영국의 역사학자 토인비(Toynbee, Arnold Joseph, 1889~1975)는 "아무리 위대한 물질문명도 그것을 받쳐줄 정신적 문명이 없으면 안으로부터 붕괴하고 만다"라고 말했습니다.(『거인들의 발자국』, 한홍, 비전과 리더십)

이것이 오늘날 우리 사회의 가장 큰 문제점이 되고 있습니다. 모든 인간이 삶에서 공통적으로 추구하는 가치인 '행복'을 얻기 위해서는 먼저 '조화'가 이루어져야 하고, 조화가 이루어지기 위해서는 반드시 '거룩함'이 전제되어야 한다는 진리를 역사학자 토인비가 증명해주고 있는 셈입니다.

사도 바울도 로마서에서 하나님 나라에 대해 이렇게 확증하고 있습니다.

> 하나님의 나라는 먹는 것과 마시는 것이 아니요 오직 성령 안에 있는 의와 평강과 희락이라(롬 14:17).

우리가 거룩해야 할 세 번째 이유는, '적극적으로 이 세상을 변화시키기 위함'입니다(18절). 주님은 우리를 세상에 보내실 때에 세상 사람들과 구별되는 증거를 갖도록 하십니다. 그 증거는 구원과 믿음에 관한 것이며, 세상에서 맛을 내고 빛을 비추는 역할을 합니다. 죄악된 세상의 사람들을 구원하려면 깨끗하고 고상한 모습, 곧 거룩하게 구별된 성도의 삶의 모습이 제시되어야 합니다. 지옥의 문 앞에 선 그들을 돌이키려 한다면, 천국문을 향해 가는 성도들의 모습이 보여야 합니다. 사탄의 권세 아래 매여 있는 사람들을 건지려면 하나님의 아들의 왕국으로 들어간 사람들의 증거가 필요합니다. '거룩'은 죄악으로 가득한 이 세상을 구원으로 인도할 성도의 표증입니다.

거룩함을 추구하기

> 그러므로 너희 마음의 허리를 동이고 근신하여 예수 그리스도께서 나타나실 때에 너희에게 가져다 주실 은혜를 온전히 바랄지어다 너희가 순종하는 자식처럼 전에 알지 못할 때에 따르던 너희 사욕을 본받지 말고 오직 너희를 부르신 거룩한 이처럼 너희도 모든 행실에 거룩한 자가 되라 기록되었으되 내가 거룩하니 너희도 거룩할지어다 하셨느니라(벧전 1:13-16).

그렇다면 거룩하신 하나님처럼 우리도 거룩해지기 위해서 어떻게 해야 합니까? 우리의 삶에서 주님이 명령하신 거룩함을 추구하고 이루어가도록 성경은 구체적인 조언을 해줍니다.

첫 번째는 '우리의 옛사람을 부단히 벗어버려야'만 합니다(14절). 홍해를 건너 출애굽한 이스라엘 백성들에게 있어서 그들의 광야 40년의 삶이란 과거 애굽의 때를 벗기는 시간이었습니다. 달리 말하면 광야를 걸어가는 그들의 시간은 구원받은 백성들이 하나님으로부터 거룩함을 요청받는 시간이었던 것입니다. 그들은 거룩한 백성으로 거듭나기 위해 무려 40년이란 세월이 필요했습니다. 그들의 문제가 무엇이었습니까? 죄악의 땅이요, 노예의 땅이라 할 수 있는 애굽에 있을 때 가졌었던 죄악의 습관과 노예근성과 경건치 못한 생활양식을 여전히 떨쳐버리지 못하는 것이었습니다. 몸은 출애굽했지만, 정신과 삶의 출애굽은 이루어지지 않았던 것입니다.

이것은 우리에게 매우 중요한 교훈을 줍니다. 우리는 그리스도인답게 살든지 아니면 차라리 그리스도인임을 자처하지 말아야 합니다. 토마스 아 켐피스(Thomas A Kempis, 1380~1471)가 쓴 『그리스도를 본받아』라는 유명한 기독교 고전이 있습니다. 오랫동안 이 책은 경건하게 살고자 하는 사람들에게 좋은 지침서 역할을 해왔습니다. 이 책에는 중요한 사상이 하나 깔려 있습니다. 하나님 앞에서 긍정적인 삶을 살기 위해서는 세상의 욕심에 대해서는 부정적인 삶을 살아야 한다는 것입니다. 더 쉽게 말하자면, 거룩하게 살고자 한다면 세상의 욕심, 즉 육신의 욕망을 버리고 돌아서야 한다는 말입니다.

19세기 영국의 위대한 설교자였던 찰스 스펄전(Charles Haddon Spurgeon, 1834-1892) 목사님은 "'NO(안돼)!'라고 말하는 법을 배우라"고 말했습니다. 이것은 용기가 필요한 일입니다. 거룩함을 선택한 것 때문에 세상으로부터 따돌림을 당하더라도 결코 두려워하지 마십시오. 시편 1편의 말씀이 우리를 격려하고 있습니다.

> 복 있는 사람은 악인들의 꾀를 따르지 아니하며 죄인들의 길에 서지 아니하며 오만한 자들의 자리에 앉지 아니하고 오직 여호와의 율법을 즐거워하여 그의 율법을 주야로 묵상하는도다 그는 시냇가에 심은 나무가 철을 따라 열매를 맺으며 그 잎사귀가 마르지 아니함 같으니 그가 하는 모든 일이 다 형통하리로다(시 1:1-3).

우리를 부르시고 택하신 하나님처럼 모든 행실에 거룩한 삶을 살아가는 성도가 되기 위해서는 두 번째로, 진리의 표백제인 '하나님의 말씀과 더불어 살아가야' 합니다.

창세기 6장을 보면, 노아가 하나님의 명령을 따라 구원의 방주를 만드는 사건이 나오는데, 노아가 방주를 다 만들고 난 후에는 배 안팎에 역청을 칠합니다. 이 역청은 오늘날의 도로를 포장할 때 사용하는 아스팔트의 재료인 콜타르 같은 것입니다. 역청은 물이 스며들지 않도록 방수 처리하는 효과가 있습니다.

오늘날 우리의 마음과 삶에 세속의 물결이 스며드는 것을 막는 비결은 다른 것이 아닙니다. 역청을 칠하듯이 하나님의 말씀으로 덧입는 것입니다. 거룩에는 지름길이 없습니다. 구원은 은혜와 믿음으로 단번에 받지만, 거룩은 영성훈련의 과정을 통해서 서서히 이루어집니다. 예수님을 믿는 순간 우리는 거룩한 신분이 됩니다. 그러나 그 거룩한 신분만으로는 인생 광야의 유혹을 다 물리칠 수는 없습니다. 부단히 예수님을 닮아가고자 하는 경건의 훈련(딤전4:7-8)을 통해 성화(聖化)의 길을 걸어갈 수 있는 것입니다.

어느 정글 지역에서 전도를 마치고 돌아가는 한 선교사가 며칠간 묵었던 한 성도의 집에 자신이 쓰다 남은 세탁비누를 주고 갔습니다. 그런데 비누를 처음 본 그 집주인은 이것이 먹는 음식인 줄로 알고 가족들과 나누어 먹었으나 통 맛이 없었습니다. 불쾌해진 주인은 선교사가 다시 오기만을 기다렸습니다.

해가 바뀌고 선교사가 다시 찾아오자 집주인은 비누 먹은 이야기를 해주었습니다. 선교사는 껄껄 웃으면서 "그것은 더러워진 옷을 깨끗이 세탁하여 입으라고 드린 것입니다"라고 말했습니다. 집주인이 "그것으로 더러워진 옷을 세탁하면 희어지는 겁니까?" 하고 묻자, 선교사는 "그렇습니다"라고 대답했습니다. 그러자 집주인은 매우 기뻐하면서 춤을 추기 시작했습니다. 그래서 이번에는 선교사가 주인에게 물었습니다. "왜 그렇게 기뻐하는 겁니까?" 그러자 주인이 대답합니다. "그 비누를 우리 집 식구가 다 먹었으니 우리의 마음이 깨끗해졌을 것이 아닙니까? 그래서 나는 정말로 기쁩니다!"

인간의 죄는 물로도 비누로도 씻을 수 없습니다. 오직 하나님의 어린양 되시는 예수 그리스도의 피, 우리 주님이 십자가에서 흘리신 보혈로써만 정결케 될 수 있는 것입니다. 뿐만 아니라 이미 주님을 믿은 사람들도 진리의 말씀으로 심령과 삶이 날마다 새롭게 될 수 있습니다.

예수님은 요한복음 17장 17절에서 제자들을 위해 이렇게 기도하셨습니다.

> 진리로 그들을 거룩하게 해 주소서. 아버지의 말씀은 진리입니다.
> (요 17:17, 우리말성경).

또한 이어진 19절에서는, 예수님이 "제자들을 거룩하게 하시기 위해 예수님 자신도 거룩하게 하신다"라고 말씀하고 있습니다. 이 말씀은 예수님의 제자로 살아가길 원하는 헌신된 모든 그리스도인에게 영적인 도전을 줍니다. 그것은 다른 사람을 거룩하게 하기 위해서는 내가 먼저 거룩해져야 한다는 영적원리를 예수님이 몸소 가르쳐주고 계시기 때문입니다. 우리의 삶이 거룩해지지 않고는,

여전히 세상에 물들어 있는 상태로는, 결코 다른 사람을 주님께로 인도할 수 없을 것입니다. 사도 바울은 말합니다.

> 그러므로 누구든지 이러한 것에서 자신을 깨끗하게 하면 그는 주인이 모든 좋은 일에 요긴하게 사용하는 귀하고 거룩한 그릇이 될 것이다(딤후 2:21, 우리말성경).

베드로전서 1장 본문에서, 거룩하신 하나님을 본받아 우리도 거룩하게 살아가도록 세 번째로 조언하는 것은, '이 땅에서 거룩하고 충성된 삶을 살아야' 한다는 것입니다(13절). 주님이 재림하실 때에 주의 백성들에게 주실 칭찬과 영광스러운 면류관과 상급을 기대하면서 이 땅에서 거룩하고 충성된 삶을 살라는 것입니다. 한마디로 말하면 '거룩한 일에 몰두하라'는 것입니다.

복음 전도의 아버지라고 불리는 드와이트 무디(Dwight Lyman Moody, 1837~1899)가 하루는 설교 중에 교인들에게 한 가지 질문을 했습니다. 그의 손에는 컵이 하나 들려져 있었습니다. "어떻게 하면 제 손에 있는 이 컵에서 공기를 조금도 남기지 않고 뺄 수 있겠습니까?" 한 사람이 대답했습니다. "공기 펌프로 빼면 됩니다!" 그러자 무디 선생은 "그렇게 해서 진공상태가 되면 오히려 컵이 깨집니다"라고 웃으며 말했습니다. 빗나간 여러 대답들이 나온 후, 무디 선생은 강대상 아래에 놓여져 있던 물이 든 주전자를 들고서 손에 들고 있던 컵에 물을 가득 부었습니다. 그리고 말했습니다. "자 보세요. 공기는 조금도 남아 있지 않습니다." 이것을 본 모든 사람들이 고개를 끄덕이며 탄복할 때 무디는 이렇게 외쳤습니다. "그리스도인이 자신의 생활에서 공기를 빼려고 하듯이 죄를 제거하려는 것은 불가능합니다. 그러나 오직 예수 그리스도의 보혈과 성령으로 충만히 채워지면 우리의 죄는 제거되고 거룩한 승리의 삶을 살 수 있습니다."

무디의 말이 맞습니다. 더 나아가서 우리가 거룩한 하나님의 일에 붙들려 의의 병기로 드려지면 우리의 몸과 마음이 더 이상 불의의 병기로 쓰일 일이 없게 될 것입니다. 이에 대해 사도 바울이 로마서에서 이렇게 말합니다.

> …전에 너희가 너희 지체를 부정과 불법에 내주어 불법에 이른 것같이 이제는 너희 지체를 의에게 종으로 내주어 거룩함에 이르라 (롬 6:19).

하나님은 그 옛날에 모세를 통해 시내산 밑에 있던 이스라엘 백성들에게 주셨던 말씀을 사도 베드로를 통해서 우리에게 다시금 상기시켜 주셨습니다.

> 나는 너희의 하나님이 되려고 너희를 애굽 땅에서 인도하여 낸 여

호와라 내가 거룩하니 너희도 거룩할지어다(레 11:45).

여러분을 부르신 분이 거룩하신 것처럼 여러분도 모든 행실에 거룩한 사람들이 되십시오. 기록되기를 "내가 거룩하니 너희도 거룩하라"고 하셨습니다(벧전 1:15-16, 우리말성경).

사도바울은 거룩한 삶의 예배자가 되라고 로마서에서 이렇게 권면합니다.

너희 몸을 하나님이 기뻐하시는 거룩한 산 제물로 드리라 이는 너희가 드릴 영적 예배니라(롬 12:1).

마침내 천국에 이르러서 완전하신 하나님의 거룩함을 닮게 될 때까지 이 땅에서 사는 동안에는 거룩하신 하나님의 성품을 더욱 닮아가기를 날마다 소원함으로 살아가야 합니다. 주님을 닮은 삶의 거룩함의 능력으로 이 세상을 거룩하게 변화시켜 가는 변혁자로서 우리 모두 함께 살아갈 수 있기를 진심으로 바랍니다.

8
아버지 사랑으로 나아가다

큰가시고기 아버지의 이야기 '가시고기'는 지구상에 사는 생물 중에서 자식에 대한 아버지의 사랑이 가장 강하다고 합니다. 우리나라의 가시고기는 모두 세 종류로 큰가시고기, 가시고기, 잔가시고기가 있는데, 이중에서 부성애가 가장 강한 고기는 '큰가시고기'라고 합니다.

큰가시고기는 바다에서 살다가 해마다 이른 봄이면 산란을 위해 하천으로 올라옵니다. 암수 무리지어 올라온 큰가시고기는 약 일주일간의 민물 적응 기간이 지나면 본격적인 산란준비에 들어갑니다. 산란준비는 온전히 수컷의 몫입니다. 먼저 새끼를 키울 둥지부터 짓습니다. 수컷이 둥지를 만드는 동안 암컷은 주변에서 둥지가 완성되기를 기다립니다. 둥지가 완성되면 암컷은 그곳에 알을 낳습니다. 그리고 암컷은 알을 낳으면 미련없이 둥지를 떠나 버립니다.

이때부터 수컷의 알 지키기가 시작됩니다. 알을 먹기 위해 모여드는 수많은 침입자들을 물리치고 알들이 잘 자라게 하기 위해 앞지느러미를 이용해 부채질하며 끊임없이 둥지 안에 새 물을 넣어 줍니다. 잠시도 쉬지 않고 아무것도 먹지 않으며, 오로지 둥지 안의 알을 지키고 키워내는 데 전념합니다.

마침내 알이 부화해 새끼들이 탄생하지만 수컷은 둥지를 떠나지 않습니다. 갓 부화한 새끼들이 둥지 밖으로 나오면 새끼들을 물어다 안으로 집어넣습니다. 아직 나올 때가 아니라는 것입니다. 부화한지 한 5일 정도가 지나면 새끼들은 제법 자라 둥지를 떠나기 시작합니다. 그리고 먹이를 찾아 돌아다닙니다. 마지막 한 마리까지 새끼들을 모두 안전하게 떠나보낸 수컷은 마침내 그 자리에서 삶의 최후를 맞이합니다. 둥지를 짓는 것부터 새끼들을 모두 떠나보내기까지 약 15일간을 아무것도 먹지 않고 오직 새끼를 위해 혼신의 힘을 다한 수컷의 몸은 만신창이가 됩니다. 주둥이는 다 헐고 화려했던 몸 색깔은 볼품없이 변해, 그토록 애지중지 지키던 둥지 앞에서 마지막 숨을 거두는 것입니다.

며칠 후 둥지를 떠났던 새끼들은 죽은 수컷 주위로 모여듭니다. 그 새끼들이 모인 이유는 자기를 위해 희생한 아비를 슬퍼하기 위함이 아니라 아비의 살을 파먹기 위함입니다. 죽어서까지 자신의 몸을 새끼들의 먹이로 주는 것이 바로 '가시고기 아버지'의 자식에 대한 사랑입니다.

가시고기와 같은 아버지의 사랑을 가장 잘 담고 있는 이야기가 누가복음에도 등장합니다.

> 이에 스스로 돌이켜 이르되 내 아버지에게는 양식이 풍족한 품꾼이 얼마나 많은가 나는 여기서 주려 죽는구나 내가 일어나 아버지께 가서 이르기를 아버지 내가 하늘과 아버지께 죄를 지었사오니 지금부터는 아버지의 아들이라 일컬음을 감당하지 못하겠나이다 나를 품꾼의 하나로 보소서 하리라 하고 이에 일어나서 아버지께로 돌아가니라 아직도 거리가 먼데 아버지가 그를 보고 측은히 여겨 달려가 목을 안고 입을 맞추니 아들이 이르되 아버지 내가 하늘과 아버지께 죄를 지었사오니 지금부터는 아버지의 아들이라 일컬음을 감당하지 못하겠나이다 하나 아버지는 종들에게 이르되 제일 좋은 옷을 내어다가 입히고 손에 가락지를 끼우고 발에 신을 신기라 그리고 살진 송아지를 끌어다가 잡으라 우리가 먹고 즐기자 이 내 아들은 죽었다가 다시 살아났으며 내가 잃었다가 다시 얻었노라 하니 그들이 즐거워하더라(눅 15:17-24).

누가복음 15장에 나오는 '탕자의 비유'에서 주인공은 과연 누구일까요? 유심히 살펴보면, 이 '탕자의 비유'에는 세 명의 탕자가 등장합니다.

첫 번째 탕자는 이야기 속에서도 잘 드러나고 있는 인물로 우리가 알고 있는 것처럼 '집을 나간 둘째 아들'입니다. 둘째 아들을 주인공으로 한 탕자의 비유는 아버지의 품을 떠나 허랑방탕한 삶을 살던 아들이 회개하고 돌아오는 이야기입니다. 이 이야기는 지금도 우리로 하여금 하나님 아버지의 품을 떠나 자기 마음대로 살던 인간들이 회개하고 하나님 품으로 돌아오는 모습을 그려볼 수 있게 합니다.

두 번째 탕자는 집안을 지키고 있는 첫째 아들입니다. 영적인 의미로 살펴볼 때, 두 번째 탕자들은 놀랍게도 오늘날 우리의 교회 안에 있습니다. 아버지를 떠나 집을 나간 둘째 아들처럼 세상에서 허랑방탕한 인생을 살지는 않지만, 잃어버린 영혼이 돌아오는 것을 기뻐하지 않고 인색하며 자기만을 생각하는, 이기적인 인생을 사는 현대 그리스도인을 묘사하고 있는 것입니다. 예수님이 계셨던 당시로 말하자면, 회개하고 주님께로 돌아오는 세리나 창기를 업신여기고 자신들의 의를 주장하며 한껏 위선과 교만을 뽐내던 바리새인들을 가리키는 비유의 말씀이었습니다.

그렇다면 세 번째 탕자는 누구일까요? 처음에는 동의하기 어려울 수도 있겠으나 아버지가 세 번째 탕자입니다. 사실 이 탕자의 비유의 진정한 주인공은 두 아들이 아닌 아버지라고 할 수 있습니다. '탕자(蕩子)'란 말은 글자 그대로 '낭비해버린 인간'이란 뜻인데, 그렇다면 탕자의 아버지에게조차 탕자란 말을 쓴 이유가 무엇이겠습니까? 그것은 위선과 이기심의 포로로 살아가는 첫째 아들이나, 주어진 젊음과 아버지의 재산을 낭비해버린 둘째 아들과 같은 탕자의 개념이 아니라, 그같이 위선과 방탕한 삶을 살아가는 인생들에게 탕자의 아버지는 끝없이 사랑을 베풀고 있다는 점에서 "사랑을 낭비하고 있는 사랑의 탕자"라는 의미입니다.

사랑의 탕자, '아버지' 오늘도 우리를 향한 하나님 아버지의 사랑은 변함이 없습니다. 누가복음 15장 본문의 '탕자의 비유'를 통해서 하나님 아버지 사랑의 구체적인 모습들을 살펴보고자 합니다.

첫 번째, 하나님 아버지의 사랑은 '기다리는 사랑(waiting love)'입니다. 탕자가 허랑방탕한 삶을 살다가 인생의 한계 상황을 경험한 후 결국은 회개하고 아버지의 품으로 돌아옵니다. 보통은 아버지일지라도 자신의 재산을 축내고 볼품없이 아들들이 돌아왔다면 이렇게 역정을 내지 않겠습니까? "꼴이 좋구나! 내가 뭐라고 했어! 도대체 무슨 낯으로 집으로 돌아온거야?" 하지만 성경 속의 탕자의 아버지는 달랐습니다. 그는 아들에게 면박을 주거나 탓하는 말을 전혀 하지 않았습니다. 오히려 20절의 말씀을 보면, '아직도 거리가 먼데도 불구하고 아들이 돌아오는 것을 멀리서부터 알아본 아버지가 아들을 보고 측은하게 여겨 달려가서 그의 목을 안고 입을 맞췄다'고 했습니다. 이 장면을 가만히 들여다보면, 아버지는 탕자를 매일매일 기다렸다는 것을 알 수 있습니다. 집을 나간 아들이 언제쯤 돌아올까 하는 맘으로 날마다 집밖에 서서 늘 먼 곳을 주시하고 있는 아버지의 모습을 볼 수 있습니다. 이것이 바로 우리를 끝까지 사랑하고 기다려주시는 하나님 아버지의 마음입니다.

사실 탕자가 집을 나가겠다고 할 때 그것을 허락했던 것은 아버지가 그를 포기했기 때문이 아닙니다. 오히려 집을 나갔다가 인생의 폭풍우를 만나서라도 성숙한 아들로 돌아오기만을 바랐을 것입니다. 탕자의 아버지가 그야말로 자신의 재산을 탕진해 가면서까지 아들이 진정한 아들로 거듭나기를 원했다면, 아버지는 분명 '사랑의 탕자'입니다.

아마도 탕자의 아버지는 아들이 집을 나간 이후로 아들을 위해 매일매일 기도했을 것입니다. 혹 인생에서 쓴 맛을 보게 되고, 폭풍우 같은 환란을 만났을지라도 결코 삶을 포기하지 않게 해달라고 아들을 위해 기도했을 것입니다. 이렇듯 우리의 성령님께서도 인생의 힘든 여정을 걷고 있는 우리를 위해서 말할 수 없는 탄식으로 간구하고 계십니다(롬 8:26). 여기에 우리를 포기하지 않고 기다리는 하나님 아버지의 기다리시는 사랑이 있습니다.

두 번째, 하나님 아버지의 사랑은 '주도적인 용서의 사랑(proactive forgiving Love)'입니다. 탕자의 아버지는 아들이 집에 도착할 때까지 마냥 기다리고만 있지 않았습니다. 20절에 보면, 탕자의 아버지는 날마다 마을 입구에 서서 집 나간 아들을 기다렸고, 그 아들을 발견하자마자 달려가서 목을 안고 입을 맞추었다고 했습니다. 상식적으로 생각해보면 잘 이해가 되지 않을 수 있습니다. 외지에 나갔다가 성공해서 돌아오는 것도 아니고, 그렇다고 오랫동안 아버지의 뜻을 대신하여 수고하고 돌아오는 것도 아닙니다. 오히려 아버지의 재산을 탕진하고 몹시 추한 몰골을 한 채 돌아오는 아들입니다. 그럼에도 불구하고 아버지는 아들에게 달려갑니다. 이 모습에서 우리를 향하신 하나님 아버지의 창조적이며 주도적인 사랑과 용서의 모습이 계시되어 있음을 발견하게 됩니다.

신학자 칼 바르트(Karl Barth, 1886~1968)는 말했습니다. "하나님은 사랑의 대상을 찾아 헤매시는 분이 아니다. 사랑의 대상을 창조하시며 사랑하신다."

구약의 호세아서에는 안타까운 러브 스토리가 기록되어 있습니다. 남편이 사랑하는 아내 고멜은 그 남편을 배신하여 창녀의 소굴로 도망쳐버렸고, 남편 호세아는 보리를 싸들고 찾아가서 사창가에 팔려간 고멜을 다시 사오는 겁니다. 이것은 하나님을 떠나 우상을 섬기는 하나님의 신부인 이스라엘을 향한 하나님의 끝없는 사랑과 용서를 상징하고 있습니다. 호세아서는 이스라엘의 패역함을 고치며 사랑하시는 하나님의 창조적인 사랑을 이렇게 표현합니다.

> 내가 그들의 변절을 용서하고 내가 그들을 기꺼이 사랑할 것이다. 내 진노가 그들에게서 떠났기 때문이다(호 14:4, 우리말성경).

잘못된 과거와 아픔의 현실들이 있다고 할지라도 하나님께 돌아오기만 하면 하나님이 친히 그 상처 난 곳을 고쳐주시고 회복시켜주셔서 하나님의 풍성한 사랑 안에 살도록 해주겠다고 약속하시는 말씀입니다.

한 병사가 사막에서 생활하는 어느 수도사를 찾아가서 하나님이 자신의 회개를 받아주실지 물었습니다. 그런 그에게 수도사가 다시 묻습니다.

"친구여, 자네는 옷이 찢어졌을 때 당장 그것을 버리는가?"

그 병사가 대답했습니다.

"아닙니다. 그것을 다시 수선해서 입습니다."

그러자 늙은 수도사가 그에게 반문했습니다.

"자네가 옷에도 그렇게 신경을 쓰는데 하물며 하나님이 자기의 형상대로 지으신 피조물에 대해 깊은 관심을 보이시지 않겠는가?"

당신은 혹 지폐가 찢어지면 그냥 버립니까? 아니면 찢어진 부분을 붙여 다시 사용합니까? 버리지 않고 붙여서 쓰는 이유는 지폐의 가치 때문입니다. 가치 없는 것은 버리는데 아쉬움이 없지만, 가치 있는 것은 버리지 않고 어떻게 해서든지 고쳐서 다시 쓰게 됩니다. 우리는 고귀한 하나님의 형상을 따라 지음 받은 존재이기 때문에 혹 우리가 넘어지고 실패하더라도 하나님은 우리를 쉽게 버리거나 포기하지 않으십니다. 언제든지 주께 돌이키는 자를 고치시고 회복시키시며 주의 나라를 위해 다시 써주시는 은혜로운 하나님이십니다.

예수님의 수제자 베드로를 봅시다. 그는 예수님께 대한 멋진 신앙고백을 해서 칭찬을 받았지만 곧바로 예수님의 십자가행을 만류하는 바람에 "사탄아 물러가라, 너는 나를 넘어지게 하는 자로다"라는 심한 책망을 받았습니다. 뿐만 아니라 예수님이 체포되시자 다른 사람은 부인해도 자신만은 부인하지 않겠다고 호언장담하던 베드로는 결국 세 번씩이나 주님을 모른다고 저주하며 맹세했습니다. 주님이 베드로의 이러한 인간적인 허물과 연약함만을 생각하셨다면 매우 실망하셨을 것입니다. 그러나 주님은 베드로를 처음 만났을 때부터 그의 먼 미래를 보셨습니다.

요한복음 1장에서 예수님은 베드로를 처음 보자마자 그에게 "너는 장차 게바(바위, 반석)가 되리라"고 말씀하셨습니다. 그때 이미 예수님은 베드로에게서 초대교회의 기둥과 반석 같은 인물이 될 가능성을 내다보셨습니다. 끊임없이 자기의 사람들을 고치시고 새롭게 빚으시는 하나님의 창조적인 사랑은 연약한 자를 강한 자로 만드셨고, 무능한 자를 능력의 사람으로 세우십니다.

하나님은 우리의 의로운 행위를 보고 우리를 사랑하시는 분이 아닙니다. 우리의 있는 모습 그대로를 사랑하시는 분입니다. 사도 바울은 로마서를 통해, 우리가 여전히 죄인의 모습으로 살아가고 있을 때에 하나님이 우리에게 독생자 예수 그리스도를 십자가에 내어 주심으로 우리를 위한 최고의 사랑을 보여주셨다고 증거하고 있습니다.

> 우리가 아직 죄인 되었을 때에 그리스도께서 우리를 위하여 죽으심으로 하나님께서 우리에 대한 자기의 사랑을 확증하셨느니라 (롬 5:8).

미국 LA에서 있었던 일입니다. 집을 나간 딸을 찾으려고 어머니는 백방으로 수소문을 했으나 도저히 찾을 수가 없었습니다. 그러나 어머니는 포기하지 않고 이곳저곳에 딸을 찾는 포스터를 붙여 놓았습니다. 포스터에는 이러한 글귀가 적혀 있었습니다.

"사랑하는 딸아, 모든 것을 용서할 테니 제발 집으로 돌아오렴."

그 포스터에는 사진도 있었습니다. 그런데 그 사진은 집을 나간 딸의 사진이 아니라 바로 어머니 자신의 사진이었습니다.

이 이야기에서 우리는 한 어머니의 주도적이며 창조적인 사랑을 엿보게 됩니다. 그리고 딸의 체면과 자존심을 보호해주기 위해 자신이 스스로 수치를 당하는 것을 개의치 않으셨던 어머니의 감싸주는 사랑을 통해, 우리는 십자가에서 인간을 대신하여 수치와 고통을 당하신 하나님 아버지의 주도적인 사랑을 함께 보게 되는 것입니다. 예수 그리스도의 십자가 안에는 우리를 위해 대신 당하신 하나님의 수치와 고통이 담겨 있습니다. 그분의 고통의 깊이는 곧 내 죄악의 깊이임을 잊지 말아야 하겠습니다.

시편 103편 12절에는 "동이 서에서 먼 것 같이 우리의 죄과를 우리에게서 멀리 옮기셨으며"라는 말씀이 있습니다. 우리에게 주시는 하나님의 주도적인 사랑과 용서의 깊이가 끝이 없다는 의미의 말씀입니다. 십자가에서 주님이 단번에 드린 영원한 속죄의 제사는 우리의 과거, 현재, 미래의 모든 죄를 대속해 주는 영원한 은총입니다.

세 번째, 하나님 아버지의 사랑은 '주는 사랑, 베푸는 사랑(giving love)'입니다. 계속해서 '탕자의 비유' 이야기를 보십시오.

> 아버지는 종들에게 이르되 제일 좋은 옷을 내어다가 입히고 손에 가락지를 끼우고 발에 신을 신기라 그리고 살진 송아지를 끌어다가 잡으라 우리가 먹고 즐기자 이 내 아들은 죽었다가 다시 살아났으며 내가 잃었다가 다시 얻었노라 하니 그들이 즐거워하더라 (눅 15:22-24).

인간의 사랑은 다분히 계산적입니다. 받기만 하고 주지는 않든지, 아니면 받은 만큼만 주는 사랑을 하고 있는 경우가 많습니다. 그러나 진정한 사랑은 받는 사랑보다 주는 사랑을 기쁨과 특권으로 아는 것입니다.

탕자의 아버지를 통해서 보는 하나님 아버지의 사랑은 어떻습니까? 아버지의 재산을 탕진한 아들에게 값없이 그리고 한없이 베푸는 사랑을 보게 됩니다. 24절에 보면, 탕자의 아버지가 말하기를 "이는 내가 잃었다가 얻었고 죽었다가 다시 살아난 아들"이라며 기뻐하면서 그 아들을 위하여 잔치를 베풉니다. 아버지는 그저 집나간 아들이 살아 돌아온 것만으로도 매우 기쁘고 감사했던 것입니다. 우리 하나님은 진정 사랑의 탕자이십니다. 하나님이 주신 귀중한 선물들을 값없이 낭비하고 사는 인생들에게 여전히 더 좋은 선물들을 안겨주시는 분이시기 때문입니다. 그리고 하나님은 우리에게 가장 큰 선물인 그의 독생자를 주셨습니다. 그 아들 예수 그리스도는 우리의 죄를 대속하기 위하여 십자가에서 피흘리고 죽으셨습니다. 아무런 대가도 바라지 않으셨습니다. 사도 요한은 이렇게 말합니다.

> 하나님의 사랑이 우리에게 이렇게 나타난 바 되었으니 하나님이 자기의 독생자를 세상에 보내심은 그로 말미암아 우리를 살리려 하심이라(요일 4:9).

혹시 우리 중에서 다른 사람을 살리기 위해 자기의 아들을 죽음의 자리에 내보낼 수 있는 분이 있습니까? 저는 감히 생각하기를, 한 사람도 없으리라 생각합니다. 차라리 내가 죽으면 죽었지, 내 아들을 대신 죽게 할 수는 없을 것입니다. 그런데 우리가 이미 그러한 사랑을 받았습니다. 하나님 아버지의 사랑입니다. 외아들을 십자가의 고통의 자리에 내어주는 그 사랑 말입니다.

그러므로 탕자가 전심으로 회개하며 아버지의 품에 돌아와 아들의 신분과 권세를 회복했듯이, 그리스도께 전심으로 의탁하는 마음과 태도를 가지고 그분 앞에 겸손히 항복하며 돌아오는 사람만이 탕자의 시절에 받은 상처를 치료받을 수 있고 또한 하나님 아버지의 집에서 평안과 기쁨의 삶을 누리게 됨을 기억해야 할 것입니다.

최종 시험(Test) 이제 우리가 생각해볼 것은, 하나님 아버지의 그 큰 사랑에 대하여 어떻게 응답하며 살아야 하는가? 입니다. 아브라함은 창세기 12장에서 하나님께 첫 부름을 받은 이후 계속해서 크고 작은 테스트를 받았습니다. 그리고 드디어 창세기 22장에서는 아브라함을 열국의 아비요, 복의 근원으로 삼기 위한 하나님의 최종 시험이 펼쳐집니다. 출제된 시험문제는 다음과 같았습니다.

…네 아들 네 사랑하는 독자 이삭을 데리고 모리아 땅으로 가서 내가 네게 일러 준 한 산 거기서 그를 번제로 드리라(창 22:2).

아들을 바치라는 것입니다. 그것도 100세에 가까스로 얻은 외아들입니다. 도무지 기력이 쇠하여 생산하지 못할 그 상황 속에서 하나님이 기적을 베푸셔서 낳은 너무나도 귀한 아들입니다. 더구나 이삭은 하나님의 언약의 증표였습니다. 이삭은 하나님의 약속에 따라 큰 민족이 태동하는 씨앗이었던 것입니다. 그런데 이제 와서 그 아들 이삭을 불에 태워 번제물로 바치라는 것입니다.

아마도 아브라함은 하늘이 무너지고 땅이 꺼지는 듯한 큰 충격을 받았을 것입니다. 모든 희망과 기쁨이 순식간에 사라지고 비참한 슬픔에 잠겼을 것입니다. 물론 이러한 아브라함의 심정에 관하여 성경은 침묵하고 있습니다.

그런데 이 최종 시험에 대한 결과를 성경은 이렇게 말씀합니다.

> 하나님이 그에게 일러 주신 곳에 이른지라 이에 아브라함이 그 곳에 제단을 쌓고 나무를 벌여 놓고 그의 아들 이삭을 결박하여 제단 나무 위에 놓고 손을 내밀어 칼을 잡고 그 아들을 잡으려 하니 (창 22:9-10).

아브라함은 주저함 없이 칼을 잡고 아들을 찌르려고 했습니다. 그 순간 하나님이 천사를 통해 아브라함을 불러 멈추게 하십니다.

> …그 아이에게 네 손을 대지 말라 그에게 아무 일도 하지 말라 네가 네 아들 네 독자까지도 내게 아끼지 아니하였으니 내가 이제야 네가 하나님을 경외하는 줄을 아노라(창 22:12).

아브라함은 믿음의 정상에 우뚝 섰을 뿐 아니라 마침내 하나님이 약속하신 대로 만민을 위한 복의 근원이 됩니다.

…네가 이같이 행하여 네 아들 네 독자도 아끼지 아니하였은즉 내가 네게 큰 복을 주고 네 씨가 크게 번성하여 하늘의 별과 같고 바닷가의 모래와 같게 하리니 네 씨가 그 대적의 성문을 차지하리라 (창 22:16-17).

아브라함처럼 하나님이 공급해주시는 은총을 누리며 만민에게 복을 전하는, 복의 근원으로 살아가는 비결은 과연 무엇입니까? 그것은 아브라함이 어떻게 이 큰 시험을 통과할 수 있었는지에 대해 살펴봄으로써 알 수 있습니다.

시험을 이기는 능력

1) 믿음

아브라함은 '하나님을 믿음으로' 시험을 통과했습니다. 상식적으로 생각해볼 때, 아들 이삭을 바치라는 것은 매우 불합리한 명령입니다. '사랑의 하나님이 어찌 무고한 사람을 그것도 내 아들을 죽이라고 요구할 수 있을까' 하고 반문하지 않을 수 없습니다. 더구나 이삭은 하나님의 초자연적인 이적을 통해 낳은 아들이며 후손들에게 복을 끼칠 언약의 자녀였습니다. 그런데 이 아들이 죽으면 어떻게 되겠습니까? '하나님, 말도 안 되는 요구입니다'라며 얼마든지 항변할 수 있는 상황입니다.

그런데 창세기 22장의 아브라함은 믿음으로 우리의 상식을 뛰어넘고 있습니다.

> 이삭이 그 아버지 아브라함에게 말하여 이르되 내 아버지여 하니 그가 이르되 내 아들아 내가 여기 있노라 이삭이 이르되 불과 나무는 있거니와 번제할 어린 양은 어디 있나이까 아브라함이 이르되 내 아들아 번제할 어린 양은 하나님이 자기를 위하여 친히 준비하시리라 하고…(창 22:7-8).

아브라함이 일반적인 상식을 초월하여 하나님의 명령에 순종할 수 있었던 이유는, 이미 지난 세월을 통해 '불가능을 가능하게 하는 생명의 기적'을 믿고 체험했기 때문입니다. 생산의 능력을 상실했던 자신과 사라에게서 닫혔던 태가 열리고 생명이 잉태되는 기적이 일어났던 것을 아브라함은 생생하게 기억하고 있었을 것입니다. 그래서 그는 자신이 하나님의 명령에 따라 아들 이삭을 혹 죽이게 된다 해도 능히 하나님이 다시 살리실 것이라는 '부활의 신앙'을 가질 수 있었습니다. 이에 대해 히브리서 11장의 말씀이 증거하고 있습니다.

> 그에게 이미 말씀하시기를 네 자손이라 칭할 자는 이삭으로 말미암으리라 하셨으니 그가 하나님이 능히 이삭을 죽은 자 가운데서 다시 살리실 줄로 생각한지라 비유컨대 그를 죽은 자 가운데서 도

로 받은 것이니라(히 11:18-19).

창세기 22장 5절에서 하인들에게 말하는 아브라함의 말을 통해서 그가 가진 믿음을 엿볼 수가 있습니다.

내가 아이와 함께 저기 가서 경배하고 너희에게로 돌아오리라 (창 22:5).

이 구절의 히브리 원문을 잘 번역한 영어성경에는 이렇게 기록하고 있습니다.

We will worship and then We will come back to you.

첫 번째 주어와 함께 두 번째 주어가 역시 '우리'로 번역되어 있는 것으로 보아 아브라함 자신에게 '반드시 아들을 데리고 돌아올 것이다'라는 확신이 있었음을 알 수 있습니다.

초대교회의 변증가인 터툴리안(Tertullian, 150~220)은 유명한 고백을 합니다. 'Credo, quia absurdum! 나는 불합리한 고로 믿는다!'는 말입니다. 이 말의 속뜻은 '하나님의 말씀이 내 이성적 판단으로 납득이 되는 정도의 것이라면 그것은 윤리교과서에 불과하다'는 것입니다. 오히려 자신의 이성으로는 다 이해되지 않기 때문에 하나님의 말씀임을 믿는다는 것입니다. 신앙은 우리의 상식과 이성을 초월할 때가 많습니다.

현대인들은 합리적이지 않으면 믿지 않으려고 합니다. 경험하지 않고는 도무지 믿지 않으려고 합니다. 비그리스도인들은 '하나님을 보여주면 믿겠다'고 말합니다. 그러나 아우구스티누스의 말처럼 "신앙의 세계는 눈으로 보고 믿는 것이 아니라 믿음으로 마침내 보게 되는 것"입니다.

> 믿음은 바라는 것들의 실상이요 보이지 않는 것들의 증거니
> (히 11:1).

2) 사랑

아브라함은 '하나님을 사랑함으로' 시험을 통과했습니다. 하나님은 아브라함이 이삭을 얼마나 사랑하고 있는지 잘 알고 계셨습니다(창 22:2). 그래서 하나님은 아브라함이 자기의 아들 이삭과 그 이삭을 주신 하나님 중에 누구를 더 사랑하는가를 스스로에게 질문할 수 있는 기회로 이 시험을 허락하셨습니다. 사실 이 시험은 하나님을 위한 것이 아니라 아브라함을 위한 것이었음을 우리는 깨달아야 합니다.

성경에서 말하는 '우상'은 모든 만물의 창조주가 되시고 모든 생명의 주인이신 하나님 외에 다른 모든 것이 그 대상이 될 수 있습

니다. 하나님보다 더 사랑하는 모든 것이 하나님 앞에서는 우상입니다. 그래서 하나님은 아브라함에게 이삭과 하나님 중에 누가 더 그의 마음의 비중을 차지하고 있는지를 묻고 계신 것입니다. 따라서 하나님은 아브라함에게 이삭을 번제물로 바치라고 명령하셨지만 사실 하나님이 원하셨던 것은 이삭이 아니라 아브라함이었습니다. 하나님은 아브라함에게서 이삭의 죽음을 요구하셨던 것이 아니라 하나님보다 이삭을 더 사랑하는 마음에 대한 철저한 죽음을 요구하신 것입니다. 즉, 하나님보다 더 사랑하는 것에 대한 철저한 포기를 요구하는 시험이었습니다.

마태복음 10장에는 예수님이 자기의 제자가 되길 원하는 사람들을 향해 하셨던 말씀이 나옵니다.

> 아버지나 어머니를 나보다 더 사랑하는 자는 내게 합당하지 아니하고 아들이나 딸을 나보다 더 사랑하는 자도 내게 합당하지 아니하며(마 10:37).

이 말씀은 부모나 자식을 사랑하지 말라는 뜻이 아닙니다. 주님과 가족 중 누구를 먼저, 더 사랑해야 하는가에 대한 우선순위 문제를 말하는 것입니다.

오늘날 우리에게도 각자의 삶의 제단 위에 바쳐야 할 이삭들이 있습니다. 물질, 시간, 오락, 스포츠, 명예, 건강, 취미 등 그것이 무엇이든지 하나님보다 더 사랑하고 있는 이삭들을 바치라는 것입니다. 아브라함의 경우를 이미 살펴보아서 아는 것처럼, 그렇게 이삭을 바치면 하나님은 그것을 가져가 버리시는 것이 아니라 오히려 더 좋은 것을 예비하셨다가 정확한 때에 돌려주시거나 더해주시는 분이라는 사실입니다. 그러므로 예수님께서 우리에게 가르쳐주시는 말씀이 있습니다.

> 너희는 먼저 그의 나라와 그의 의를 구하라 그리하면 이 모든 것을 너희에게 더하시리라(마 6:33).

3) 순종

아브라함은 '하나님께 순종함으로' 시험을 통과했습니다. 인간적으로 생각할 때 터무니없고, 이해되지 않고, 도무지 불가능한 요구였기에 순종하는 것이 매우 힘든 과제였지만 그는 결국 하나님의 명령에 순종하는 데 성공했습니다. 순종이 그가 만민을 위한 복의 근원이 된 이유라고 하나님이 직접 말씀하신 것입니다.

> 또 네 씨로 말미암아 천하 만민이 복을 받으리니 이는 네가 나의 말을 준행하였음이니라 하셨다 하니라(창 22:18).

하나님은 인류 최초의 인간인 아담과 하와의 행복을 위해 에덴동산을 준비해 주셨습니다. 그러나 그들은 하나님의 금지명령인 선악과를 먹어 불순종하고 맙니다. 최소한의 제한 사항만을 따르면 최대한의 행복을 누릴 수 있는 곳이 바로 에덴동산이었습니다. 그러나 그들은 하나님의 말씀에 순종하지 않음으로써 하나님이 그들을 위해 예비해주신 낙원을 잃어버리고 말았습니다. 이 불순종의 결과로 인해 하나님이 경고하신 말씀대로 인류 앞에 사망이 놓이게 되었습니다.

하나님이 우리에게 순종을 요구하시는 것은, 하나님이 무엇이 부족해서가 아닙니다. 바로 우리에게 복을 주시기 위함입니다. 구원은 하나님의 은혜로 받습니다. 그러나 복은 순종을 통해서 받습니다. 성경의 수많은 기적의 사건들 앞에는 한결같이 순종의 수고가 있습니다.

창세기 22장에 나타난 아브라함의 순종에는 세 가지 특징이 있습니다. 3절의 "아침에 일찍이 일어나"라는 구절에서는 '즉각적인 순종'을, "번제에 쓸 나무를 쪼개어 가지고"라는 구절에서는 '준비성 있는 순종'을, 5절의 "종들에게 이르되 … 기다리라"는 구절에서는 순종의 방해 요소를 미리 제거하는 '온전한 순종'이 바로 그것입니다.

창세기 22장 본문에는 아브라함 외에 또 한 사람의 순종을 기록하고 있습니다. 바로 이삭입니다. 젊고 건장한 이삭이 늙고 힘없는 아버지 아브라함에게 순종하는 모습을 보십시오. 번제에 쓸 나무를 지고 묵묵히 모리아 산에 오르는 모습과 조금의 저항도 없이 아버지의 말씀대로 제단에 드러눕는 한 소년의 모습은 감동적이기까지 합니다. 이삭의 이러한 모습은 전 인류의 죄악을 십자가에 짊어지고 골고다 언덕을 오르셔서 십자가에 달리신 예수님을 예표하고 있습니다.

예수님의 순종은 모든 인류를 위한 구원의 길을 예비하고 또 완성하는 것이었습니다. 예수님의 순종으로 인해 우리가 구원과 생명을 얻고 하나님의 자녀가 되어 신령한 은혜와 복을 누릴 수 있게 된 것입니다.

순종은 우리가 하나님께 드릴 수 있는 가장 값진 제물이며, 하나님이 가장 원하시고 기뻐하시는 뜻입니다.

> … 주님께서 어느 것을 더 좋아하시겠습니까? 주님의 말씀에 순종하는 것이겠습니까? 아니면, 번제나 화목제를 드리는 것이겠습니까? 잘 들으십시오. 순종이 제사보다 낫고, 말씀을 따르는 것이 숫양의 기름보다 낫습니다(삼상 15:22, 새번역).

우리는 모두 아브라함처럼 주님을 향한 최고의 믿음, 최고의 사랑, 최선의 순종을 통해 하나님의 사랑에 깊이 응답하며 살 수 있어야겠습니다.

9
친밀함으로 나아가다

인생이 피곤한 이유 때로 인생이 피곤하다고 느껴질 때가 있습니다. 직장에서나 교회에서 심지어는 가정에서도 예외 없이 모든 일이 따분하고 피곤해질 때가 있습니다. 그 이유는 무엇일까요? 업무가 많거나 실적이 없어서인가요? 일이 잘 안 풀려서 스트레스가 쌓이기 때문인가요? 아니면 내가 열심히 한 일을 다른 사람으로부터 인정받지 못해서인가요? 저는 이 모든 문제의 원인이 '사랑'과 관련되어 있음을 말하고 싶습니다.

본래 사랑으로 하는 일에는 피곤함이 없습니다. 예를 들어 만일, 환자를 돌보는 간호사가 환자와 사랑에 빠지면 그 순간 간호사의 내면의 정체성은 간호사에서 연인으로 바뀝니다. 환자의 연인이 되면 그 순간부터 간호사는 사랑의 관계에서 오는 기쁨과 에너지로 인해 직업적인 의무를 초월하여 그 사람을 대하게 됩니다. 깊어지는 친밀감은 의무감에 매인 일에서 창의적이고 적극적이며 즐거운 놀이로 전환하도록 만들어줍니다.

주님의 발을 씻기 위해 300데나리온이나 되는 순전한 나드가 담긴 옥합을 주저함 없이 깨뜨린 마리아의 헌신은 결코 의무감에서 나온 행동이 아닙니다. 그것은 어디까지나 주님과의 친밀함에서 나온 자발적인 사랑의 발로요, 기쁨의 소산이었던 것입니다.

창세기 22장에서, 하나님은 아브라함에게 100세에 주신 외아들 이삭을 모리아 산에서 제물로 바치라는, 사실상 순종하기 어려운 요구를 하십니다. 그런데도 아브라함은 이 시험을 거뜬히 통과했습니다. 그 비결이 과연 무엇이었습니까?

> … 네가 네 아들 네 독자까지도 내게 아끼지 아니하였으니 내가 이제야 네가 하나님을 경외하는 줄을 아노라(창 22:12).
> … 나는 네가 얼마나 나를 공경하는지 알았다. 너는 하나밖에 없는 아들마저도 서슴지 않고 나에게 바쳤다(창 22:12, 공동번역).

위의 성경구절에서 찾을 수 있는 비결은 바로 '하나님을 경외함(공경함)'이었습니다. 경외함이란 '사랑함으로 두려워한다', '두려워하고 존경한다'는 의미입니다. 위의 성경말씀은 아브라함이 자기의 외아들 이삭보다 하나님을 더 사랑함으로 두려워했다고 증언하고 있는 것입니다. 그래서 보통 사람으로서는 하기 어려운 순종을 하나님께 보여드릴 수 있었습니다. 사실 아브라함이 아들 이삭의 심장을 찌르기 위해 칼을 든 결단의 순간은 이미 자신의 마음의 심장을 찌른 후였다고 생각됩니다. 자기 육체의 욕망과 세상에 대한 미련을 떨쳐버리는 자아의 죽음 없이는 불가능한 순종이었기 때문입니다.

사랑의 관계, '친밀함' 독자 이삭을 제물로 바치는 아브라함의 모습에는 하나님 아버지의 사랑이 계시되어 있습니다. 죄로 인해 죽은 인간을 구원하시기 위해 독생자 예수 그리스도를 십자가에 제물로 드린 하나님의 사랑이 예표되어 있는 것입니다.

하나님은 우리를 자기의 형상으로 지으시고 자녀 삼아주셨지만 우리는 아버지의 품을 떠났습니다. 탕자와 같은 우리를 날마다 기다리며 '돌아오라' 말씀하시고, 창녀 고멜과 같은 우리 인생들을 신부로 삼으시고 끝까지 사랑하시기로 결정하셔서, 상상할 수도 기대할 수도 없는 사랑과 열정으로 엄청난 대가를 스스로 지불하시기 위해 주님은 우리에게 오셨습니다. 이것이 독생자 아들을 화목제로 십자가에 내어주신 사건입니다. 그러므로 십자가 사건은 우리를 향한 하나님의 열정의 로맨스요, 사랑의 클라이맥스(climax)라고 할 수 있습니다.

예수께 가장 사랑을 많이 받은 제자였던 사도 요한은 이 사실을 요한일서를 통해 증언하고 있습니다.

> 하나님의 사랑이 우리에게 이렇게 나타난 바 되었으니 하나님이 자기의 독생자를 세상에 보내심은 그로 말미암아 우리를 살리려 하심이라(요일 4:9)

하나님은 우리에게 친밀함을 요구하십니다. 그리고 그 요구는 매우 당연한 것입니다. 성경은 하나님이 우리 한 사람 한 사람을 창세전에 그리스도 안에서 택하셨고(엡 1:4), 모태로부터 그 형질을 조직하셨으며(시 139:13), 신비롭고 오묘할 만큼의 걸작품으로 우리의 인생을 특별하게 창조하셨기 때문에(시 139:14), 우리를 향한 하나님의 사랑은 매우 각별하고 특별하다는 것을 증언해주고 있습니다. 이사야서의 말씀은 이러한 하나님의 마음을 잘 대변해줍니다.

> 그들은 내 피붙이들, 내가 내 명예를 걸고 창조하고 만들고 지은 내 백성이다…(사 43:7, 우리말성경)

우리는 하나님께 매우 특별한 존재입니다. 하나님은 우리와 더 각별한 관계가 되기를 원하십니다. 독생자 예수 그리스도를 우리에게 주시기까지 대가지불을 아끼지 않으신 하나님이 무엇을 더 주저하며 아끼시겠습니까? 하나님의 가장 귀한 것을 우리에게 아낌

없이 주셨기에 하나님은 우리도 최고의 가치가 있는 존재가 되길 원하십니다.

> 예수께서 이르시되 네 마음을 다하고 목숨을 다하고 뜻을 다하여 주 너의 하나님을 사랑하라 하셨으니 이것이 크고 첫째 되는 계명이요 둘째도 그와 같으니 네 이웃을 네 자신 같이 사랑하라 하셨으니 이 두 계명이 온 율법과 선지자의 강령이니라(마 22:37-40).

모든 성경을 통틀어 하나님이 우리에게 요구하신 첫째 계명이 무엇입니까? 하나님이 우리를 연인으로 삼아 완전한 사랑을 보이셨듯이 하나님이 우리에게 요구하시는 것은 우리가 하나님을 연인으로 삼아 깊은 친밀함 가운데서 사랑하며 살기를 원하시는 것입니다.

그런 의미에서, 예배의 핵심은 '하나님과의 친밀함'입니다. "예배는 하나님과의 만남이며, 그 만남에 대한 반응이고, 또한 친밀한 사귐"입니다. 다시 말해서 예배는 하나님과의 친밀함 안에 거하는 우리의 가장 기본적이고도 일차적인 반응인 것입니다. 또한 그리스도의 신부인 우리들이 신랑 되신 예수님과 영적으로 입맞춤하는 순간이고, 더 깊은 사랑의 결속을 이루어가는 과정인 것입니다.

예수님이 이 세상을 떠나 하늘로 승천하시기 전에 제자들에게 주신 선교명령(마 28:18-20)을 '대사명(大使命, The Great Commission)'

이라고 합니다. 온 열방과 민족을 향해 복음을 들고 나가라는 명령입니다. 그런데 이 같은 주님의 지상명령을 이루기 위해서는 반드시 우선적으로 선행되어야 할 것이 있습니다. 대계명(大誡命, The Great Commandment)이라고도 하는 사랑의 첫째 계명을 지키는 것(마22:37-38), 즉 '마음을 다하고 목숨을 다하고 뜻을 다하여 하나님을 사랑하는 것'입니다.

우리가 열방과 민족에게 복음을 전하고 모든 족속으로 제자를 삼는 일은 주님이 우리에게 부탁하신 지상 최대의 과제이며 반드시 감당해야 할 사명임에 틀림없습니다. 그러나 이것은 이차적인 것이며, 일차적인 것은 하나님과의 친밀한 관계 안에서 그분을 전인격적으로 사랑하는 것임을 잊어서는 안 됩니다.

성경은 이 우선순위가 제대로 이해되지 않고 지켜지지 않아서 피곤함과 불평 가운데 빠진 한 사람을 소개하고 있습니다. 바로 예수님의 절친한 친구였던 베다니의 삼남매 중 한 명인 마르다입니다(눅 10:38-42). 그녀는 오빠인 나사로나 자매인 마리아와 마찬가지로 예수님을 매우 사랑하고 신뢰했습니다. 이날, 오랜만에 친구의 집을 방문하신 예수님과 그의 제자들을 대접하기 위해 음식을 준비하는 일에 여념이 없었던 마르다는 예수님의 발 앞에 앉아 말씀을 경청하는 마리아를 책망했습니다. 그러나 주님은 마리아가 더 좋은 편을 택하였다고 칭찬하셨습니다.

우리는 이 성경의 이야기를 통해서 마르다의 육신적인 자아와 타고난 열정이 그녀를 예수님의 연인이기 이전에 일꾼이 되도록 몰아간 것을 보게 됩니다. 그것은 분명 우선순위가 뒤바뀐 것이었습니다.

왜 그리스도인들의 삶에 피곤과 탈진과 무기력이 찾아옵니까? 그것은 마리아처럼 주님 앞에 머물러 그분과의 친밀함을 누리는 관계를 갖기보다는 마르다처럼 많은 일로 주님을 섬기려는 열심만 가득한 일꾼이 되어 살아가고 있기 때문일 것입니다. 물론 하나님의 집에는 마리아와 함께 마르다와 같은 사람도 꼭 필요합니다. 그러나 주님이 맡겨주신 사명을 이루는 추진력은 바로 주님의 사랑에 기반한 친밀한 관계에서 나오는 것임을 반드시 기억해야 하겠습니다.

19세기 영국의 유명한 강해설교자였던 캠벨 몰간 목사님에게는 매일마다 쉼과 기쁨을 주는 한 가지 일이 있었습니다. 그것은 교회의 일과를 마치고 집에 돌아와서 어린 딸과 집 근처의 공원을 산책하는 일이었습니다.

어느 날, 어린 딸이 아빠에게 이렇게 말합니다.

"아빠 앞으로 두 달 동안은 아빠하고 산책을 못할 것 같아요."

아빠가 걱정스러운 표정으로 딸에게 물었습니다.

"왜, 무슨 일이 있니? 아빠는 너하고 산책하는 일이 제일 좋은데…"

"지금은 말씀 못 드리구요, 두 달 후에 이유를 말씀드릴게요."

두 달 뒤에 크리스마스가 다가오자, 어린 딸은 아빠에게 털신을 하나 내놓으면서 말했습니다.

"아빠, 내가 아빠를 위해 두 달 동안 정성들여 만든 크리스마스 선물이에요. 받으세요."

아빠가 대답했습니다.

"정말 고맙구나, 정성이 정말 대단하구나. 그런데, 아빠는 이 선물도 좋지만 너와 공원에서 산책하는 것이 훨씬 더 좋단다."

이것이 우리를 향한 주님의 마음입니다. 주님은 우리가 주님의 일꾼이 되기 이전에 먼저 주님의 연인이 되기를 원하십니다. 사역(work)은 주님과 함께 동행함(walk)을 통해 이루어지는 결과여야 합니다. 이 순서가 바뀔 때 일어나는 현상이 곧 '탈진'입니다.

사도 바울은 고린도후서 5장 14절에서 "그리스도의 사랑이 우리를 강권하신다"고 고백했습니다. 바울 자신이 주님의 사랑으로 충만해짐으로써 온 유럽을 향해 복음을 들고 뛰어갈 수 있는 동력을 얻었다는 고백입니다.

부활하신 예수님을 목격하고도 예수님을 부인했던 자기 자신에게 실망해서 물고기를 잡으러 고향으로 돌아간 베드로에게 주님이 나타나셔서 하신 말씀이 무엇입니까? "네가 나를 사랑한다면 내 양을 먹이라"는 것이었습니다(요 21:15-17). 주님은 우리에게 사명을 맡기시기 전에 먼저 사랑의 관계를 확인시켜주시고 또 회복시켜주십니다. 그러므로 우리는 주님 앞에서 일꾼 이전에 연인이 되고, 사명자 이전에 예배자가 되며, 군사 이전에 그리스도의 신부가 되는 일에 가치를 두고 새롭게 헌신해야 할 것입니다.

하나님을 경외하는 자의 복

여호와를 경외하는 자 누구냐 그가 택할 길을 그에게 가르치시리로다 그의 영혼은 평안히 살고 그의 자손은 땅을 상속하리로다 여호와의 친밀하심이 그를 경외하는 자들에게 있음이여 그의 언약을 그들에게 보이시리로다 내 눈이 항상 여호와를 바라봄은 내 발을 그물에서 벗어나게 하실 것임이로다(시 25:12-15).

우리는 다윗의 시편을 통해 하나님의 연인으로 그 친밀한 사랑 가운데 사는 사람들에게 주어지는 복이 무엇인지를 살펴보고자 합니다.

결혼의 관계에 있어서는 계약(contract)이라는 말을 쓰지 않고 서약(covenant)이라는 말을 씁니다. 이것은 신랑과 신부가 사랑의 신성한 의무를 잘 지키면서 행복한 가정을 이루어가는 약속의 관계임을 의미합니다. 출애굽한 이스라엘 백성들은 율법의 말씀이 수여된 시내산에서 일종의 신성한 언약을 맺었는데, 그들이 하나님과 혼인관계가 성립되었음을 확증하는 것이었습니다. 이것을 '시내산 언약'이라고 부릅니다. 즉, 출애굽의 역사를 통해 보여주신 하나님의 크신 사랑을 잊지 않고 오직 하나님 한분만을 섬긴다면 계속해서 하나님이 복을 주실 것이며, 승리의 삶을 살도록 하시겠다는 언약을 맺은 것입니다.

마찬가지로, 우리도 하나님의 사랑의 증거인 십자가 앞에서 그 크신 사랑의 은혜를 깨닫고 마음과 뜻과 성품을 다해 하나님만을 사랑하기로 결정하고 서약한다면, 주님과의 친밀함 안에 늘 거하며 살아간다면, 우리의 영원한 연인이신 전능하신 하나님이 우리의 모든 것을 책임져주실 것입니다.

이 사실을 매우 잘 알았던 다윗은 자신의 시편(25:12-15)을 통해서 하나님과의 친밀함을 통해 누릴 수 있는 세 가지 복에 대해 간증하며 찬양하고 있습니다.

첫 번째는, 우리 인생의 중요한 선택의 기회와 그 나아갈 길을 가르쳐주시는 복입니다. 본문의 12절에 "여호와를 경외하는 자 누구냐? 여호와께서 그에게 선택할 길을 가르쳐주실 것이다"라고 말씀하고 있습니다.

사무엘상 23장을 보면, 사울 왕에게 억울하게 쫓기는 신세가 되어 긴 시간 동안을 도망자로 살고 있는 다윗이 어느 날 자신의 동족인 그일라 지방의 사람들이 블레셋에게 공격을 당하여 재산을 약탈당했다는 소식을 듣게 됩니다. 다윗은 하나님의 뜻을 묻습니다. "하나님, 제가 가서 저 블레셋을 치고 그일라 사람들을 구원할까요?" 다윗을 따르는 부하들은 만류합니다. "도망을 다니는 신세에 누가 누구를 구원한다는 말입니까?" 그러나 다윗은 하나님의 음성을 듣고 담대히 나아가서 그들을 블레셋에서 구원합니다. 그런데 다윗에게 은혜를 입은 그일라 백성들은 사울 왕이 다윗을 잡으러 온다는 소식을 듣고는 그를 배반합니다. 자신들의 목숨이 위태로울까 봐 다윗이 숨어 있는 곳을 밀고한 것입니다.

그러나 이러한 위태로운 상황에서도 하나님을 경외하는 다윗을 지켜주시는 그분의 친절한 손길을 성경은 이렇게 표현합니다.

> 다윗이 광야의 요새에도 있었고 또 십 광야 산골에도 머물렀으므로 사울이 매일 찾되 하나님이 그를 그의 손에 넘기지 아니하시니라(삼상 23:14).

하나님은 언제 어디서나 하나님의 뜻을 구하고 그 뜻에 순종하며 살고자 하는 사람들에게 갈 길을 가르쳐주시고 인도하시며 그 길에서 보호해주시는 분이십니다.

한 청년이 목사님과 함께 차를 타고 여행을 떠났습니다. 목사님이 운전하고 있는 차 안에서 그 청년이 말합니다.

"목사님! 저는 솔직히 십계명이 싫습니다. 십계명에는 하지 말라는 이야기가 왜 그렇게 많습니까?"

목사님은 청년의 질문에 어떻게 대답을 하면 좋을까 하고 잠시 고민하고 있는데 마침 눈앞에 이정표가 보였습니다. 그리고 그 이정표가 놓여 있는 갈림길에서 자신들이 가야 할 목적지와는 반대의 길로 갑자기 핸들을 돌렸습니다. 이에 깜짝 놀란 청년이 목사님에게 소리쳤습니다.

"목사님! 이쪽이 아니고 저쪽입니다!"

그때 목사님이 태연하게 말합니다.

"아 이 사람아! 내 마음대로 가면 되지 뭘 그래?"

혹시 여러분은 길에 있는 신호등이나 이정표가 귀찮게 여겨질 때가 있습니까? 때로는 서야 하고, 때로는 가야 하고, 때로는 돌아갈 것을 표시하는 신호등은 누구를 위해 있는 것입니까? 또한 도로에 표시된 이정표는 누구를 위한 것입니까? 그 모든 것은 운전자를 위한 것입니다. 신호등을 지켜야 하는 교통법규나 이정표가 결국은 길을 가는 사람들을 위해 존재하는 것과 마찬가지로 우리에게 주어진 주님의 법, 은혜와 사랑의 율법인 성경말씀은 우리의 인생 여정에서 후회없는 길을 가도록 돕는 나침반이며, 인생 신호등입니다. 시편기자는 말합니다.

주의 말씀을 내 발에 등이요 내 길에 빛이니이다(시 119:105).

두 번째는 영혼에 주시는 참된 평안과 인생에서의 참된 승리를 누리는 복입니다. 시편 25편 13절에서는 "(하나님을 경외하는) 그의 영혼은 평안히 살고 그의 자손은 이 땅을 유산으로 얻을 것이다"라고 말씀하고 있습니다.

이방 땅에서 하나님과의 친밀함 안에 깊이 거하며 모범적인 승리의 삶을 산 사람이 있는데 그가 바로 다니엘입니다. 다니엘서 6장은 다니엘의 경건생활에 대해 잘 보여주고 있습니다.

> 다니엘이 이 조서에 왕의 도장이 찍힌 것을 알고도 자기 집에 돌아가서는 윗방에 올라가 예루살렘으로 향한 창문을 열고 전에 하던 대로 하루 세 번씩 무릎을 꿇고 기도하며 그의 하나님께 감사하였더라(단 6:10).

다니엘은 이방 나라에 잡혀가 있는 포로였음에도 불구하고 하나님을 향한 그의 믿음과 경건을 조금도 꺾지 않고 살았던 사람입니다. 다니엘서 1장에서도, 그는 우상 앞에 바쳐졌던 음식인 왕의 진미를 거절함으로써 영적인 지조를 지켰고, 이에 하나님께로부터 이상과 몽조를 깨닫는 지혜를 선물로 받았습니다.

또한 그는 위기를 만났을 때에만 기도에 매달린 사람이 아닙니다. '전에 하던 대로' 하루 세 번씩 무릎을 꿇고 기도하며 하나님께 감사했습니다. 그의 경건은 날마다 지속적으로 하나님 앞에 나아가 그분과 친밀하게 교제하는 것이었습니다. 이와 같은 하나님과의 친밀함은 그가 사자 굴에 들어가는 상황에서도 그의 영혼에 놀라운 평안을 주었고, 결국은 하나님이 천사를 보내어 사자의 입을 봉하여 다니엘을 보호하심으로써 그에게 믿음의 승리를 안겨주었습니다. 이 말씀을 통해서 우리는 평상시에 지속적으로 하나님과의 친밀함 안에 거하는 것이 인생 승리의 비결임을 알아야 할 것입니다.

마태복음 25장에 나오는 '열 처녀의 비유'를 보겠습니다. 신랑이 늦게 도착하자, 기름을 충분히 준비한 슬기로운 다섯 처녀는 신랑과 함께 잔칫집에 들어갔지만 기름을 충분히 준비하지 못한 어리석은 다섯 처녀는 기름이 없으므로 잔치에 참여하지 못하게 되었다는 내용입니다.

우리가 이 말씀을 친밀감의 관점에서 들여다보면, 슬기로운 다섯 처녀들은 매일 매일의 사역을 넘어 그리스도와의 더욱 깊은 친밀감을 계발하기 위해서 시간을 투자한 사람들이라고 볼 수 있습니다. 이 다섯 명의 슬기로운 처녀들은 주님과의 친밀함 자체를 목적으로 평상시에 기름을 준비한 사람들의 모형입니다. 반면에 어리석은 다섯 처녀들은 바로 앞에 있는 사역만을 위한 수단으로서의 기름만을 준비한 사람들입니다.

오늘날 주님의 사명을 감당하는 사람들의 큰 약점들 중에 하나도 바로 어리석은 다섯 처녀들의 모습에서 발견됩니다. 즉, 하나님의 은혜와 성령의 기름부음이 없이는 사역을 감당할 수 없다는 사실을 인식하고 있음에도 불구하고, 하나님과의 친밀한 교제 없이 사역의 성공만을 목표로 분주한 삶을 살고 있다는 것입니다. 문제해결이나 어떤 일에 초점을 맞추기보다 문제해결의 근원되시며 모든 사역의 원동력이 되시는 주님과의 친밀함이 우리의 인생에서 참된 목표가 되어야 할 것입니다.

세 번째는 인생의 위기에서 건져주시는 복입니다. 시편 25편 15절에서 다윗은 "내 눈이 항상 여호와를 바라보는 것은 그분이 내 발을 덫에서 빼내실 것이기 때문입니다"라고 고백하고 있습니다. 이 말씀은, 우리의 인생의 위기에서 벗어나는 비결이 세상적인 방법론에 있지 않고 "오직 하나님을 바라보고 기대하는 것에 있다"고 가르쳐줍니다. 하나님께 마음과 삶의 시선을 두고 사는 인생이 세상의 유혹과 시험, 어둠의 권세를 이길 수 있다는 말씀입니다.

애굽의 노예로 팔려가서 보디발의 집의 가정총무가 된 요셉에게 어느 날 보디발의 아내의 유혹이 찾아왔습니다. 하지만 젊은 요셉이 그녀의 달콤한 유혹을 과감히 뿌리칠 수 있었던 이유는 그가 항상 하나님의 시선을 의식하고 살았기 때문이었습니다.

창세기 39장 9절에 기록된 요셉의 고백을 들어보십시오.

> … 제가 어떻게 그렇게 악한 짓을 저질러 하나님께 죄를 짓겠습니까?(우리말성경).

집 없는 거지소년이 있었습니다. 어느 날, 그는 3박 4일 동안 멋진 바닷가 별장에서 지내며 마음껏 수영도 하고 맛있는 뷔페로 모든 식사를 해결할 수 있는 무료티켓 한 장을 우연하게 줍게 되었습니다. 그에게 놀라운 특권이 주어진 것입니다. 그런데 거지 소년은 그 티켓을 바지주머니에 넣어두고는 여전히 쓰레기통에서 주운 더러운 음식을 길모퉁이에서 먹으며 새우잠을 잡니다.

『스크루테이프의 편지』와 『나니아 연대기』로 유명한 영국의 C. S. 루이스(Clive Staples Lewis, 1898~1963)는 이런 말을 했습니다. "무한한 기쁨이 우리에게 주어져 있는데도 술과 섹스와 야망 가운데서 배회한다면 우리는 마지못해서 살아가는 피조물이다. 바닷가에서의 휴가 제안이 무엇을 의미하는지도 상상할 수 없기 때문에 우리는 빈민굴에서 쓰레기통이나 뒤지는 무지한 어린아이와 같다."

우리의 마음을 죄악의 권세로부터 자유롭게 하는 길은 하나님을 즐거워하는 것입니다. '거룩함'은 이를 악물고 죄에 맞서 싸우기로 결정한다고 해서 생겨나는 것이 아닙니다. 우리가 하나님을 향한 거룩한 애정에 이끌릴 때 죄의 권세에 맞서 싸울 능력도 얻게 되는 것입니다.

존 파이퍼(John Stephen Piper, 1946~)는 "죄는 우리 마음이 하나님으로 만족하지 못할 때 생겨나는 것이다"라고 말했습니다. 그러므로 죄의 유혹을 이기는 능력은 하나님 안에서 그분의 영광과 사랑을 경험함으로써 영원한 기쁨에 대한 확신이 더해질 때 얻어지는 선물임을 알아야 합니다.

성경의 에스더 왕비의 이야기를 통해서도 우리는 죄와 함께 악한 세력을 이길 수 있는 비결을 발견할 수 있습니다. 하만이라고 하는 사람의 음모로 인해 페르시아에 포로로 잡혀가 살고 있는 이스라엘 민족이 한꺼번에 몰살을 당할 위기에 놓였을 때 이 상황을 역전시킬 수 있었던 것은, 에스더 왕비가 아하수에로 왕과의 깊은 친밀함 곧 사랑의 관계에 기초하여 탄원했기 때문이었습니다.

에스더는 악한 음모를 꾸민 하만과 정면으로 혈투를 벌인 것이 아니라 자신의 남편인 왕과의 친밀한 관계를 통해서 문제를 해결했습니다. 그녀는 이 문제를 해결하기에 앞서 먼저 왕에게 가장 아름답게 보이기 위해 정성껏 자신을 단장했으며 왕을 위해 손수 잔치를 준비하여 왕을 섬겼습니다. 이에 왕이 에스더 왕비를 더욱 사랑하게 되어 그녀에게 약속합니다. "왕후 에스더여, 그대의 소원이 무엇이며 요구가 무엇이오? 나라의 절반이라도 그대에게 주겠소" (에 5:3, 6). 왕비에 대한 왕의 사랑 때문에 에스더의 문제는 곧 왕의 문제처럼 다루어집니다. 결국 원수의 목전에서 상을 베푸시는 승리의 역전드라마가 펼쳐졌습니다.

우리 그리스도인들은 신랑 되신 그리스도의 신부입니다. 우리가 주님과의 친밀감 안에 항상 거하게 될 때, 사탄은 우리를 두려워하며 가장 위협적인 존재로 바라보게 될 것입니다. 사랑에 기초한 주님과의 깊은 연합, 즉 친밀감은 하나님의 근육을 움직이는 원동력이요, 천국발전소의 스위치를 누르는 시간이 될 것입니다.

그러면 우리가 주님과의 친밀한 관계 안에 거할 수 있는 방법은 무엇입니까? 요한복음 15장에 나오는 예수님의 말씀에 매우 함축적으로 잘 나타나 있습니다.

> 너희가 내 안에 거하고 내 말이 너희 안에 거하면 무엇이든지 원하는 대로 구하라 그리하면 이루리라(요 15:7).

'너희가 내 안에'라는 말씀이 우리가 주님의 몸 된 교회공동체 안에 거하는 외형적이고 구조적이고 형식적인 결합을 의미하는 것이라면, '내 말이 너희 안에'라는 말씀은 우리가 주님과 내면적, 인격적, 영적으로 결합하는 것을 의미합니다.

슬기로운 다섯 처녀들과 마리아처럼 하나님의 말씀을 규칙적으로 깊이 묵상하십시오. 다니엘처럼 지속적으로 기도하면서 하나님과 깊은 대화를 나누십시오. 요셉처럼 하나님의 시선을 늘 의식하고 사십시오. 다윗처럼 언제 어디서나 하나님을 찬양하고 높이는 예배자로 사십시오.

하나님과의 친밀한 관계 안에 그분의 복이 약속되어 있습니다.

> 여호와의 친밀하심이 그를 경외하는 자들에게 있음이여 그의 언약을 그들에게 보이시리로다(시 25:14).

3부
삶의 혁명

· 일상과 세상에 다가오시는 하나님 ·

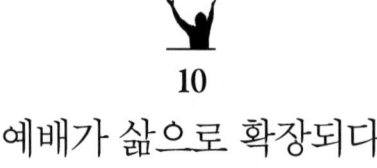

10
예배가 삶으로 확장되다

모순된 신앙과 삶 어느 교회에 다니시는 집사님 한 분이 등산을 가게 되었습니다. 집사님이 오르려고 한 그 산에는 작은 기도원이 하나 있었습니다. 이윽고 산속으로 들어서자 여기저기서 기도 소리가 들려왔습니다. 어떤 분은 목청을 힘껏 높여서 부르짖고 있었고, 또 어떤 분은 나무를 부여잡고 몸부림을 치고 있었습니다. 좀 더 위로 올라가자 30대로 보이는 젊은 부인이 큰 바위 앞에 앉아 몸을 앞뒤로 흔들며 열심히 기도하고 있는 모습이 보였고, 그녀의 기도소리가 크게 들려왔습니다.

"아버지여, 온 세계가 주님 앞으로 돌아올 수 있도록 선교사를 많이 보내주시옵소서."

집사님은 그 기도 내용에 혼잣말로 '할렐루야, 아멘' 하며 화답하다가 이내 잠시 발을 멈추고는 그 부인의 기도소리를 들으면서 같은 마음으로 기도하기 시작했습니다. 잠시 후에 그 여인이 기도를 끝내고 일어섰습니다. 그런데 이게 웬일입니까? 그녀는 자신이 기도하기 위해 바닥에 깔아놓았던 신문지며, 눈물 콧물을 닦고 버린 휴지 따위의 쓰레기들을 그대로 놓아둔 채 '할렐루야!'를 크게 외치며 산을 내려가는 것이었습니다. 집사님은 이 광경에 몹시 씁쓸한 표정을 감출 수 없었다고 합니다.

위의 이야기를 통해 우리는 많은 그리스도인의 신앙과 삶이 서로 모순되어 있다는 것을 발견하게 됩니다. 그러나 위의 이야기는 극히 단적인 하나의 사례에 불과할 뿐입니다. 이 외에도 수많은 사례들을 통해 모순으로 가득한 그리스도인들의 신앙과 삶에 대해 지적할 수 있을 것입니다. 그리고 이러한 실제적인 사례들은 세상으로부터 기독교가 비판을 받는 원인을 제공하고 있는 것이 사실입니다.

그리스도인은 하나님의 사랑과 예수 그리스도로 말미암는 구원을 전파함으로써 세상을 하나님 나라로 변화시킬 사명을 받은 사람들입니다. 그런데 우리가 살아가는 평범한 일상에서 조그만 일 하나에서 조차도 사회 구성원으로서의 기본적 예의와 법규를 지키지 못한다면 어떻게 영혼을 구원하는 큰일을 감당할 수 있겠습니까? 예수 믿는 사람들이 수준 이하의 인격과 삶의 태도를 지니고서는 결코 세상을 변화시킬 수 없습니다.

우리가 믿는 것(신앙)과 행하는 것(삶)이 서로 다르다고 한다면 과연 신앙생활을 하는 목적이 어디에 있는 것입니까? 일주일 중 6일 동안은 신앙과는 전혀 다른 삶을 살다가 주일이 되어서야 교회에 한두 시간쯤 출석한다고 해서 과연 하나님이 우리를 기뻐하실까요? 하나님은 일찍이 그런 예배, 그런 기도, 그런 찬양을 기쁘게 받으실 수 없다고, 예배와 삶이 서로 괴리되었던 이스라엘 백성들에게 말씀하셨습니다.

> 헛된 제물을 다시 가져오지 말라 분향은 내가 가증히 여기는 바요 월삭과 안식일과 대회로 모이는 것도 그러하니 성회와 아울러 악을 행하는 것을 내가 견디지 못하겠노라 내 마음이 너희의 월삭과 정한 절기를 싫어하나니 그것이 내게 무거운 짐이라 내가 지기에 곤비하였느니라 너희가 손을 펼 때에 내가 내 눈을 너희에게서 가리고 너희가 많이 기도할지라도 내가 듣지 아니하리니 이는 너희의 손에 피가 가득함이라(사 1:13-15).

성(聖)과 속(俗)의 이원론 현재 우리가 가지고 있는 개신교 신앙의 뿌리라고 할 수 있는 청교도들의 신앙은 '성(聖)과 속(俗)의 이원론'을 거부했습니다. 교회 안에서는 거룩한 사람처럼 말하고 행동하지만, 세상에 나가서는 자기 멋대로 사는 것은, 결코 구원받은 하나님의 자녀가 살아야 할 삶이 아니라고 선언했습니다.

그들은 삶이 예배라고 고백했으며, 교회에서 예배하는 것도 양을 지키고 농사를 지으며 장사를 하는 것도, 주님 안에서 거룩한 일이라고 말했습니다.

심지어 그들은 '직업은 곧 소명'이라고도 말했습니다. 그래서 그들은 항상 하나님께 예배하는 마음과 삶의 태도로 일했습니다. 예배하는 마음으로 장사했습니다. 예배하는 마음으로 아이들을 가르쳤습니다. 예배하는 마음으로 사회의 모든 활동을 했습니다. 그랬더니 그들 자신뿐 아니라 가정과 일터와 학교 및 모든 사회 공동체 가운데 놀라운 변화가 일어났습니다.

정직과 신용과 윤리가 뿌리를 내리니 상공업이 번창했고 경제가 부흥했으며 사회가 안정되었습니다.

오늘날을 사는 우리 그리스도인들의 과제는, 교회 안에서는 예배를 통해 거룩하게 된 것 같지만, 교회 밖에서는 예배를 떠나 이원론적 삶을 산다는 것입니다.

어느 교회에 부흥회가 열렸습니다. 마지막 날에 그 교회의 중직자 한 분이 이불을 싸들고 교회로 왔습니다. 그리고 하는 말이 "우리 집사람은 집에서는 악마처럼 구는데 교회만 나오면 천사가 됩니다. 그래서 이제부터는 천사하고만 살려고 아예 짐을 싸들고 교회로 왔습니다."

이것이 우리의 모습은 아닙니까?

교회갱신협의회에서 목회자 4백 명을 대상으로 조사한 바에 의하면, 오늘날 한국 교회 최대의 문제점은 신앙과 삶의 괴리라고 했습니다. 믿는 것과 실제 행하는 것이 다르다는 것이 우리의 문제라는 것입니다. 이것이 시정되지 않는 한 한국 교회는 성장이 아니라 퇴보를 면치 못할 것이라고 내다보았습니다. 교회를 다닌다는 것과 신앙생활을 한다는 것은 차이가 있습니다. 교회를 다니긴 하지만 신앙생활을 올바르게 하지 못하는 사람들도 있습니다. 그런 면에서 "한국 교회는 신앙생활은 있지만 생활신앙은 없다"고 지적한 어느 신학자의 말을 귀담아들을 필요가 있을 것입니다.

사실 이렇게 신앙이 이원론화된 것은 성서신학적인 배경이 있습니다. 이스라엘 백성들이 하나님께 요구한 것 중에서, 하나님 스스로는 기뻐하지 않으셨으면서도 그들이 너무나 간절히 원하여서 마지못해 허락하신 것이 두 가지가 있습니다. 하나는 왕을 세우는 것이었고, 또 하나는 성전을 건축하는 것이었습니다. 왜 하나님이 당신의 집인 성전을 짓겠다는 것을 별로 기뻐하지 않으셨습니까? 하나님은 백성들이 성전을 지어 놓고서 자신들이 믿는 하나님을 그 안에다 두고는 결국 성전 밖에서는 딴 짓을 할 것을 이미 알고 계셨기 때문입니다. 그래서 하나님은 자신의 심정을 이렇게 표현하셨습니다.

하늘은 나의 보좌요 땅은 나의 발판이니 너희가 나를 위하여 무슨 집을 지으랴 내가 안식할 처소가 어디랴(사 66:1).

결국 하나님은, 하나님을 너무도 사랑했던 다윗의 소원에 응답하셔서 예루살렘 성전을 짓도록 허락은 하셨지만, 역시 하나님이 예상하신 대로 이스라엘 백성들은 성전에서는 화려한 제사를 드리면서도 성전 밖에서는 우상을 숭배하고 고아와 과부를 압제하며 저울 눈금을 속이며 하나님의 공의를 저버리는 패역한 삶을 살았습니다. 이렇게 신앙과 모순된 삶의 모습을 가진 백성들을 향하여 안타까움으로 가득 찬 하나님의 탄식하시는 소리를 다시 한 번 들어보십시오.

> 여호와께서 말씀하시되 너희의 무수한 제물이 내게 무엇이 유익하뇨 나는 숫양의 번제와 살진 짐승의 기름에 배불렀고 나는 수송아지나 어린 양이나 숫염소의 피를 기뻐하지 아니하노라 너희가 내 앞에 보이러 오니 이것을 누가 너희에게 요구하였느냐 내 마당만 밟을 뿐이니라(사 1:11-12).

예배의 감격, 삶의 변화   요한복음 4장에서 우리는 예배와 삶이 일치되어 가고 있는 신앙인을 만나게 됩니다. 다름 아닌 수가성 우물가에서 예수님과 생수의 대화를 나누던 사마리아 여인입니다. 자신과 대화를 나누는 분이 사실은 이스라엘이 그토록 기다려 왔던 메시아이심을 알게 된 여인이 보인 반응은 무엇입니까?

> 여자가 물동이를 버려두고 동네로 들어가서 사람들에게 이르되 내가 행한 모든 일을 내게 말한 사람을 와서 보라 이는 그리스도가 아니냐 하니 그들이 동네에서 나와 예수께로 오더라(요 4:28-30).

우리가 이미 알고 있는 대로 예수님 만나기 전까지만 해도 사마리아 여인은 일부러 사람들이 나오지 않는 정오 시간을 골라서 물을 길으러 나오던 사람이었습니다. 그렇게 자신의 삶을 수치스럽게 여기던 한 여인이 생수의 근원이신 예수님을 만났고 예수님이 어떤 분이신지를 알게 되자, 물을 길으러 왔던 본래의 목적도 잊어버린 채 다시금 동네로 뛰어들어가 구원자 예수님을 만난 감격을 전하고 사람들을 예수님께로 인도하는 모습을 보십시오. 그녀에게 놀라운 변화가 일어났습니다. 그리고 이 놀라운 일은 사마리아 여인 한 사람에게 뿐만 아니라, 그녀가 살고 있던 동네 공동체 전체에도 큰 영향을 주게 되었습니다.

성경에 기록된 이 실제적인 사건에서 우리는 중요한 교훈을 얻어야 합니다. 우리의 예배가 결코 예배당 안에서만 끝나서는 안 된다는 것을 깨달아야 합니다. 교회에서 드린 예배를 통해 경험한 은혜의 감격이 삶의 현장에서 그리스도를 증거하고 선전하는 삶으로 이어져야 한다는 것입니다. 따라서 진정한 예배는 교회에서의 공중 예배를 마치고서 예배당 문을 나설 때 비로소 시작되는 것입니다.

해리 포스딕이라고 하는 윤리학자는 그리스도인들을 '심미적 그리스도인(Aesthetic christian)'과 '윤리적 그리스도인(Ethical christian)'으로 나누어 말했습니다.

'심미적 그리스도인은 교회에서 한번 예배드리는 것으로 그의 모든 예배가 끝납니다. 좋은 음악을 듣고 찬송을 부르고, 좋은 설교를 듣고 마음을 평안하게 하는 것에 의미를 두고 있는 사람입니다. 단적으로 말하면 이러한 사람에게 있어서 예배는 감정을 순화시키고, 교양의 수위를 높이기 위한 수단에 불과합니다. 좀 더 고상한 표현을 빌리자면, '도덕적 향락주의용 예배'라고 할 수 있습니다.

그러나 '윤리적 그리스도인'은 하나님께 예배하며 받은 감격과 깨달음을 가지고 삶의 현장에 나가 그대로 적용하여 살고자 애쓰는 사람들을 말합니다. 사랑하라는 말씀 앞에서 그동안 미워했던 사람을 사랑하려고 애를 쓰고, 진실하라는 말씀 앞에 정직하게 살고자 애를 쓰는 사람입니다.

그렇다면 우리는 이 두 부류의 그리스도인 중 어디에 속합니까? 단지 예배를 구경하고 감상적인 예배를 드리는 심미적 그리스도인입니까, 아니면 스스로는 부족하고 연약할지라도 하나님의 말씀대로 살려고 애쓰는 윤리적 그리스도인입니까?

예수님은 마태복음에서 이런 말씀을 하셨습니다. 입술의 신앙을 경계하신 따끔한 충고의 말씀입니다.

나더러 주여 주여 하는 자마다 천국에 다 들어갈 것이 아니요 다만 하늘에 계신 내 아버지의 뜻대로 행하는 자라야 들어가리라(마 7:21).

예수 믿는 사람이 정말 말은 잘할 수 있습니다. 그러나 삶으로 드러나지 않는다면 그 믿음은 죽은 믿음일 뿐이라고 사도 야고보도 경고하고 있습니다.

이와 같이 행함이 없는 믿음은 그 자체가 죽은 것이라(약 2:17).

어느 날 여우와 토끼가 동네 음식점에서 맛있게 식사하며 대화하고 있었습니다. 대화는 무르익어 그들의 공동의 적인 그 지역 사냥꾼들의 사냥개에 대하여 이야기하게 되었습니다.

여우는 자기는 얼마든지 피할 수 있기 때문에 사냥개는 전혀 겁나지 않는다고 큰소리쳤습니다. 만약 사냥개가 가까이 온다면 다락으로 도망해서 사냥개가 사라질 때까지 숨어 있거나, 아니면 번개같이 앞으로 달려 나가면 어떤 사냥개도 뒤따라오지 못할 것이라고 자신있게 말했습니다. 또한 가장 가까운 시냇가로 가서 한동안 물에 몸을 담그고 있으면 사냥개들이 완전히 방향을 잃어버릴 것이라고도 말했습니다. 그런가 하면 뒷걸음치며 맴돌이를 하여 사냥개의 눈을 완전히 혼란시킨 뒤 나무 위로 올라가서 자기가 어디에 있는지 몰라 이리저리 헤매는 얼빠진 사냥개의 모습도 재미있게 구경할 수 있노라고 말했습니다. 정말 여우가 말하는 도피법은 무궁무진한 듯 보였고 자신감이 넘쳐 보였습니다.

여우가 이야기를 마치자 토끼가 약간은 겁먹고 당혹스러운 표정을 지으며, 만약 사냥개들이 온다면 자기가 할 수 있는 것이라고는 오직 한 가지 '겁먹은 토끼처럼 달리는 것뿐'이라고 부끄러운 듯 솔직하게 말했습니다.

바로 그때였습니다. 여우와 토끼는 사냥개들의 나직한 울음소리를 들을 수 있었습니다. 사냥개의 소리를 듣자마자 토끼는 자기의 말대로 훌쩍 창가를 뛰어넘어 겁먹은 모습으로 문을 박차고 힘껏 달아났습니다. 그러나 여우는 다락에 숨을까 말까, 문밖으로 달아날까 말까, 냇물에 들어가 냄새를 물로 감출까 말까, 아니면 뒷걸음으로 원을 그리며 맴돌면서 개들을 어지럽게 만든 후에 나무에 올라갈까 말까 고민하며 주저하고 있다가 그만 득달같이 달려온 사냥개에게 잡히고 말았다는 이야기입니다.

성경 지식을 아무리 많이 알고 있어도 실천하지 않으면 아무 소용이 없습니다. 진실로 중요한 것은 우리 자신이 무엇을 얼마나 알고 있느냐 하는 것보다 그 중 한 가지라도 삶에서 실천하고 있느냐 하는 것입니다.

왜냐하면 아는 만큼 예배를 하는 것이 아니라 행하는 만큼 예배하는 것이기 때문입니다.

삶의 예배   삶의 예배는 소위 '거룩하다'고 여겨지는 종교적인 모습을 갖췄을 때가 아니라, 일상에서 하나님의 말씀을 실천할 때 이루어집니다. 왜 그럴까요? 그 이유는 다음과 같습니다.

첫째, 구원받은 하나님 백성으로서의 본분이기 때문입니다. 하나님은 시내산에서 모세에게 이스라엘 백성이 지켜야 할 십계명과 더불어 삶 가운데서 지켜야 할 토라, 즉 613개의 계명을 주셨습니다. 십계명의 제1계명은 "너는 나 외에는 다른 신들을 네게 두지 말라"입니다(출 20:3). 그런데 이 계명을 지켜야 할 전제가 바로 앞 절에 나와 있습니다.

> 나는 너를 애굽 땅, 종 되었던 집에서 인도하여 낸 네 하나님 여호와니라(출 20:2).

이것을 신학적으로 인디카티브(Indikativ, 직설법)와 임페라티브(Imperativ, 명령법)의 관계라고 합니다. 이것은 영어 Being(존재)과 Doing(행함)의 관계로도 설명할 수 있습니다. 즉, '너는 어떤 은혜를 받은 존재이다. 고로 너는 이런 것을 지켜 행해야 마땅하느니라'라는 의미를 가지고 있는 것입니다.

하나님은 애굽에서 신음하는 이스라엘 백성들이 하나님의 말씀을 지키는 것을 보시고 구원하신 것이 아닙니다. 하나님은 우리에게 율법을 던져주시고는 이것을 지키면 구원해주고, 그렇지 않으면 구원하지 않겠다는 식의 논리를 내세우시는 분이 아닙니다. 일단 출애굽의 구원 역사를 이루시고 난 다음, 구원받은 백성들이 하나님의 백성답게 살아가도록 율법의 말씀을 주신 것입니다. 즉, '만왕의 왕이신 하나님의 자녀가 되었다면 이제는 왕의 자녀답게 살아라'고 하신다는 것입니다. 그래서 십계명을 주시기 전에 이런 말씀을 하셨습니다.

> 나는 너를 애굽 땅, 종 되었던 집에서 인도하여 낸 네 하나님 여호와니라(출 20:2).

우리가 하나님의 말씀을 삶 가운데 실천하고 살아야 할 가장 근본적인 이유는 '예수님의 십자가의 은혜로 구원받은 하나님의 자녀'로서의 합당한 본분이기 때문입니다.

둘째, 우리의 삶이 온전한 예배가 되어야 하는 것은 사마리아 여인처럼 '변화된 삶을 통해 비그리스도인들에게 감동으로 다가가 구원의 문을 여는 거룩한 촉매'가 되어야 하기 때문입니다. 예수님은 성도들이 이 땅에서 빛과 소금이 되어야 하는 이유를 이렇게 말씀하셨습니다.

> 이같이 너희 빛이 사람 앞에 비치게 하여 그들로 너희 착한 행실을 보고 하늘에 계신 너희 아버지께 영광을 돌리게 하라(마 5:16).

사도 베드로도 우리 성도들이 하나님의 은총으로 선택받아 왕 같은 제사장이 된 것에 대해 이렇게 말하고 있습니다.

> 그러나 너희는 택하신 족속이요 왕 같은 제사장들이요 거룩한 나라요 그의 소유가 된 백성이니 이는 너희를 어두운 데서 불러내어 그의 기이한 빛에 들어가게 하신 이의 아름다운 덕을 선포하게 하려 하심이라(벧전 2:9).

사도행전 2장에서는 성령의 강한 임재와 역사를 통해 초대교회 공동체에 아름다운 예배의 회복이 일어나는 것을 보게 됩니다.

> 날마다 마음을 같이하여 성전에 모이기를 힘쓰고 집에서 떡을 떼며 기쁨과 순전한 마음으로 음식을 먹고 하나님을 찬미하며 또 온 백성에게 칭송을 받으니 주께서 구원 받는 사람을 날마다 더하게 하시니라(행 2:46-47).

위의 말씀 중에 특별히 '온 백성에게 칭송을 받으니'라는 대목에 주목하십시오. 초대교회 성도들의 삶이 비그리스도인들에게 감동이 되었다는 것이며, 그 결과로 나타난 것은 '주께서 구원 받는 사람을 날마다 더하게 하시는' 것이었습니다. 이것이야말로 예배가 삶이 되고 삶이 예배가 되어야 하는 중요한 이유입니다.

셋째, 우리의 삶이 온전한 예배가 되어야 하는 것은 바로 '우리의 삶 자체가 하나님이 기뻐 받으시는 산제사요, 영적예배'이기 때문입니다. 사도 바울은 이렇게 말씀합니다.

> … 너희 몸을 하나님이 기뻐하시는 산 제물로 드리라 이는 너희가 드릴 영적예배니라(롬 12:1).

마음만 드리는 것이 아니라 구체적이며 실제적인 몸을 드리라는 것입니다. 즉, '삶의 현장에서 구체적으로 하나님의 선하신 뜻을 이루며 살아가면서 그 몸으로, 그 삶으로 영광을 돌리라!
이것이 바로 하나님이 기뻐 받으시는 살아있는 예배다!'라고 말씀하는 것입니다.

어느 부잣집 주인의 회갑 잔치를 앞두고, 그 집에 있는 동물들이 회의를 했답니다. 물론 회의의 주제는 '이번 잔치에는 누가 순교해야 되느냐?' 하는 것이었답니다. 의장 동물이 먼저 개를 보고 말했습니다.
"멍멍아. 이 여름에 주인이 이렇게 잔치를 베푸는데 네가 탕으로 나가는 게 어떻겠냐?"
개가 대답합니다.
"탕으로 나가는 건 참 좋은데, 내가 가면 이 부잣집 재산을 누가 지키지? 나는 이 집을 지켜야 돼."

의장이 생각해보니 일리 있는 대답이었습니다. 그래서 다시 주위를 둘러보다가 이번에는 닭을 불렀습니다.

"닭아, 이 여름에 삼계탕이 제일 나은 것 같다. 주인을 위해 네가 순교해라."

그러자 닭이 대답합니다.

"나는 안 돼. 내가 없으면 아침에 일어날 시간을 누가 알려주고, 주인에게 누가 매일 영양분을 보충해 주지? 내가 알을 낳아야지."

닭의 말도 맞다고 생각한 의장이 이번에는 소한테 말했습니다.

"소야, 아무리 생각해도 네가 갈비로 대접하는 게 제일 낫겠다. 잔치에는 그래도 소고기보다 좋은 게 없지?"

그러자 소가 발끈하며 말합니다.

"나도 안 돼. 내가 없으면 이 많고 많은 농사를 누가 짓지?"

고개를 절래 절래 흔들며 고심하던 의장이 마지막으로 돼지에게 말합니다.

"돼지야, 할 수 없다. 주인어른의 회갑 잔치에 네가 삼겹살로 대접해라."

이에 돼지가 나름대로 곰곰이 생각해보니 다른 짐승들은 모두 변명하며 자리를 벗어났고 이제는 자기가 아니면 누구도 회갑 잔치에 순교할 동물이 없어보였습니다. 마침내 돼지가 결심한 듯 입을 열어 말했습니다.

"그럼 물 끓이소~!"

몸으로 예배를 드리는 사람은 삶 가운데서 하나님께 기쁘게 드려지는 제물이 되어야 합니다. 기쁜 제물이 되는 것은 입으로만, 말로만 하는 것이 아닙니다. 핑계를 대는 것도 안 됩니다. 몸으로 헌신하는 것입니다. 자신이 아무리 능력 있다고 말하고 열심히 신앙생활한다고 말해도 말로만 하는 것은 아무 힘이 없습니다. 몸으로 행하는 것이 힘이 있고 능력 있고 권위가 있는 것입니다.

예수를 믿고 난 후 가장 먼저 일어나는 놀라운 변화 중 하나는, 우리 몸이 하나님이 거하시는 성전이 된다는 것입니다. 물론 우리의 신체가 변하는 것은 아닙니다. 예수님을 구세주로 영접하면 성령께서 우리 심령 속에 찾아오십니다. 그 순간 우리의 몸은 하나님이 거하시는 성전이 되는 것입니다. 내 몸은 더 이상 내 것이 아닙니다. 하나님의 몸입니다. 그러므로 하나님이 기뻐하시는 일과 목적을 위한 도구로 사용되어야 한다는 것입니다. 이에 대해 사도 바울은 이렇게 말씀합니다.

> 너희 몸은 너희가 하나님께로부터 받은 바 너희 가운데 계신 성령의 전인 줄을 알지 못하느냐 너희는 너희 자신의 것이 아니라 값으로 산 것이 되었으니 그런즉 너희 몸으로 하나님께 영광을 돌리라(고전 6:19).

이것이 진정 살아 있는 영적 예배입니다. 이렇게 진정한 예배가 회복될 때 따라오는 것이 있는데 그것이 바로 부흥입니다. 참된 예배가 있는 곳에 참된 부흥이 있습니다.

11
예배자의 삶에서 하나님을 읽다

바이블은 아는 대로 성경을 뜻합니다. 그런데 비그리스도인(non-christian)에게 바이블은 무엇일까요?

비그리스도인들에게는 수많은 종류의 바이블이 있습니다. 그것은 바로 '믿는 자들이 보여주는 감동의 삶'이라는 바이블입니다. 즉, 비그리스도인들은 알게 모르게 그리스도인들의 삶을 주시하고 있습니다. 그러다가 믿는 사람들의 삶을 보고, 실망을 하게 되면 그들은 천국에서 영영 멀어질지도 모릅니다. 사실 많은 비그리스도인들이 교회에 나오지 않는 이유 중에는 그리스도인들의 삶의 모습이 그리 좋지 않기 때문이라고 말하는 사람들이 아주 많습니다.

버스에서 어떤 두 사람이 심한 말다툼을 벌이고 있습니다. 그랬더니 다른 사람이 버스에서 내리면서 이렇게 호통을 칩니다.

"그만들 싸워, 여기가 교회인 줄 알아!"

인간이 자기형성을 이루는 데는 특별히 '중요한 타자(他者/Significant Others)', 즉 롤 모델이 있습니다. 바로 그 중요한 롤 모델이 누구냐에 따라 그 사람의 운명이 달라질 수 있습니다. 자녀들에게 위인전집을 사주는 이유는 무엇입니까? 그 위인들이 우리 자녀들의 인생에 롤 모델이 되기를 바라기 때문입니다.

세상을 살다 보면 굉장한 성자가 아니더라도, '꼭 내가 저분 같으면 좋겠다'라고 생각되는 그런 사람이 있습니다. 바로 그 사람이 그리스도인이면 거기에 감동을 받고 그 사람 역시 바른 그리스도인이 됩니다. 그러나 반대의 경우도 있습니다. 가장 존경하고 따라야 할 이 '중요한 롤 모델'이 사실은 가짜 교인이요, 위선자요, 믿음과 삶이 일치하지 않는 사람이라면 어떻게 되겠습니까?

이런 사람을 한 번이라도 보고 나면 그 충격 때문에 어쩌면 일생동안 예수를 안 믿을 수도 있습니다. 그러므로 이 '중요한 타자'가 얼마나 중요한 존재인지 알 수 있습니다.

오늘 당신이 본받을 만한 사람, 따르고 싶고 닮고 싶은 그 '중요한 타자'는 누구입니까? 또한 당신이 누군가에게 중요한 타자가 되고 있다고 생각을 하십니까? 은연중에 우리는 누군가를 본받고 또한 누군가에게 본을 보이고 있다는 사실을 잊지 말아야 합니다. 어쨌든 그리스도인의 삶을 통해서 비그리스도인들이 감동을 받는다면, 그들은 마치 움직이고 걸어다니는 살아 있는 바이블, 성경을 접하는 것과 같지 않을까요?

그랄 지역에 있는 블레셋 왕 아비멜렉은 믿음의 조상 아브라함의 아들 이삭을 롤 모델로 삼았습니다. 그러니까 아비멜렉의 바이블은 바로 '이삭의 삶'이었다는 것입니다. 그렇다면 이삭의 삶은 어떠했을까요?

> 이삭이 그랄에 거주하였더니 그 곳 사람들이 그의 아내에 대하여 물으매 그가 말하기를 그는 나의 누이라 하였으니 리브가는 보기에 아리따우므로 그 곳 백성이 리브가로 말미암아 자기를 죽일까 하여 그는 내 아내라 하기를 두려워함이었더라 이삭이 거기 오래 거주하였더니 이삭이 그 아내 리브가를 껴안은 것을 블레셋 왕 아비멜렉이 창으로 내다본지라(창 26:6-8).

그 옛날 아버지 아브라함이 흉년에 약속의 땅을 떠나 애굽에 갔을 때 아내 사라를 누이라고 속였다가 큰 봉변을 당한 적이 있었듯이, 아들 이삭도 훗날 동일하게 흉년에 약속의 땅 가나안을 떠나 그랄 땅으로 내려갔다가 동일하게 아내를 누이라고 속이는 일이 있었습니다. 그런데 이삭이 그랄 땅에서 어떤 일을 합니까? 바로 누이라고 속인 리브가를 껴안았고, 그 모습을 블레셋의 왕 아비멜렉이 창으로 내다보게 됩니다.

하나님도 우리의 일거수일투족을 다 보고 계시지만 비그리스도인들도 그리스도인의 삶을 다 들여다보고 있다는 것입니다. 심지어 비그리스도인들이 우리의 믿음을 테스트하기도 합니다.

예수 믿은 지 얼마 되지 않았을 때, 친구들이 저를 불러내는데 꼭 술집에서 만나자고 합니다. 그러면 저는 사이다나 콜라를 시킵니다. 그러다가 분위기가 무르익으면 슬슬 술잔을 내밀며 말합니다. "야, 교회 다니는 사람들도 다 술 먹고 담배도 피고 하더라. 너도 한 잔 해라." 저는 이렇게 말했습니다. "야, 난 평생 마실 것 미리 다 마셨다. 그냥 사이다나 줘." 집에 갈 때가 되어 나오는데 저에게 술잔을 계속 권했던 친구 녀석이 저의 귀에다 대고 이렇게 말합니다. "아까 네가 술잔을 들이키면 내가 너한테 그러려고 했다. 교회 다니는 너도 별수 없는 놈이구나!"

많은 비그리스도인들은 예수 믿는 사람은 뭔가 다르기를 기대합니다. 왜냐하면 지금 당장은 아닐지라도 언젠가는 믿고 싶고 자신도 세속의 모습을 벗고 싶은 거룩한 욕망이 저 깊은 곳에 있기 때문입니다. 그렇기 때문에 그리스도인이 비그리스도인과 동일한 모습을 보이면 대단히 실망을 하게 됩니다. 창세기 26장에도 이삭이 비그리스도인인 아비멜렉에게 책망을 받는 모습이 나옵니다.

이에 아비멜렉이 이삭을 불러 이르되 그가 분명히 네 아내거늘 어찌 네 누이라 하였느냐 이삭이 그에게 대답하되 내 생각에 그로 말미암아 내가 죽게 될까 두려워하였음이로라 아비멜렉이 이르되 네가 어찌 우리에게 이렇게 행하였느냐 백성 중 하나가 네 아내와 동침할 뻔하였도다 네가 죄를 우리에게 입혔으리라(창 26:9-10).

이렇게 된 근본적인 이유는 무엇입니까? 원천적으로는 이삭이 약속의 땅을 떠났기 때문입니다.

아브라함 때에 첫 흉년이 들었더니 그 땅에 또 흉년이 들매 이삭이 그랄로 가서 블레셋 왕 아비멜렉에게 이르렀더니(창 26:1).

사실 하나님은 애굽 근처인 그랄 땅에 머무는 것조차 기뻐하지 않으셨습니다. 그래서 하나님이 이삭에게 이렇게 말씀하십니다.

여호와께서 이삭에게 나타나 이르시되 애굽으로 내려가지 말고 내가 네게 지시하는 땅에 거주하라(창 26:2).

그런데 이삭은 하나님의 음성을 들은 후에도 그랄 땅에 너무 오래 머무릅니다.

이삭이 거기 오래 거주하였더니 이삭이 그 아내 리브가를 껴안은 것을 블레셋 왕 아비멜렉이 창으로 내다본지라(창 26:8).

이처럼 하나님의 사람들은 하나님이 기뻐하시는 삶의 자리가 아니면 오래 머물지 말고 그 자리를 떠나야 합니다. 그런데 그럴 땅이 좋고 편했는지 오래 머물다가 결국은 아비멜렉 왕에게 이삭이 거짓말한 것이 들통나고 맙니다.

오늘날 그리스도인들도 있어야 할 자리가 아닌 자리에 오래 있다 보면, 비그리스도인들에게 체면을 깎이고 손가락질 당할 수가 있습니다.

예수 믿는 수박장수가 신호를 무시하고 트럭을 운전하다가 경찰차를 만났습니다. 뒤에 쫓아오는 경찰차를 쳐다보며 수박장수는 우선 튀고 보자는 마음으로 차를 몰고 골목으로 들어갔습니다. 이리저리 빠져나가기를 여러번 수박장수는 막다른 골목에서 옴짝달싹할 수도 없게 되었는데 뒤를 돌아보니 이미 경찰차가 바로 뒤까지 따라와 있습니다. 수박장수는 하는 수 없이 차에서 내렸습니다. 동시에 경찰관들도 차에서 내리면서 말합니다. "수박 하나 사 먹기 정말 더럽게 힘드네." 그야말로 도둑이 제발 저렸던 것입니다.

어찌보면 이삭은 흉년에 약속의 땅을 떠나 있다가 아내를 빼앗기는 일을 당할 수 있었음에도 불구하고, 아비멜렉 왕에게 은혜를 입습니다. 사실 이런 상황이 되었으면 이삭이 취할 행동은 무엇입니까? 하나님이 기뻐하시는 약속의 땅 가나안으로 빨리 돌아가야 합니다. 그런데 그 땅에서 여전히 뭉그적거립니다. 제가 하나님이라면 혼줄을 내었을 것입니다. 그런데 하나님은 이삭에게 은혜와 복을 베푸십니다. 하나님은 좋으신 하나님이십니다.

> 이삭이 그 땅에서 농사하여 그 해에 백 배나 얻었고 여호와께서 복을 주시므로 그 사람이 창대하고 왕성하여 마침내 거부가 되어 (창 26:12-13).

그러나 호사다마라는 말이 있듯이 블레셋 원주민들이 나그네에 불과한 이삭의 번영을 못마땅하게 여겨 족장시대 제2의 생명이라 할 수 있는 우물을 강제로 매립하는 횡포를 부립니다.

> 양과 소가 떼를 이루고 종이 심히 많으므로 블레셋 사람이 그를 시기하여 그 아버지 아브라함 때에 그 아버지의 종들이 판 모든 우물을 막고 흙으로 메웠더라(창 26:14-15).

결국에는 아비멜렉 왕이 이삭에게 뭐라고 말합니까?

> …네가 우리보다 크게 강성한즉 우리를 떠나라(창 26:16).

물이 귀한 팔레스타인에서 이 같은 행동은 일종의 선전포고이자 묵시적인 추방 명령입니다. 가나안을 약속받았던 이삭은 전쟁을 통해 그 땅을 사수하느냐 아니면 그들의 요구에 따르느냐의 갈림길에 놓이게 되는 것입니다.

당시에 우물을 하나 파는 것은 엄청난 경비와 인력이 동원되어야 합니다. 우물은 전쟁시에 전략적 가치가 있는 것일 뿐 아니라 거주민과 가족의 식수 공급원입니다. 우물의 중요성 때문에 우물 소유권을 두고 당시 부족 간에 치열한 싸움이 일어나기도 했습니다. 새 우물을 파기보다 남의 것이라도 기존 우물을 탈취하는 것이 더 경제적이라고 생각하던 때였습니다. 지금처럼 포클레인이 있는 때도 아니었습니다. 그렇게 소중한 우물을 빼앗기는 순간에도 이삭이 취한 반응은 어떠했습니까?

이삭은 맞서 싸우기보다는 조용히 그곳을 떠나 그랄 골짜기에 장막을 칩니다. 그리고 아버지 아브라함 때에 메웠던 우물을 다시 팝니다. 그랬더니 그랄의 목자들이 이삭의 목자들과 다투면서 이 우물이 자기들 것이라고 우깁니다. 그래서 또 다른 우물을 팠더니 또 찾아와서 다툽니다. 또 옮겨갑니다. 그렇게 이삭은 무려 네 번이나 말없이 옮겨갑니다. 거듭되는 우물의 탈취에도 대항하지 않고 거처를 꾸준히 찾아나서는 이삭을 보면서 무슨 생각이 듭니까? 바보 같지 않습니까? 요즘 같으면 사람들은 이삭을 '바보'라고 불렀을 것입니다.

정상적인 사람 같으면 애써서 파 놓은 우물을 남이 와서 '못 먹는 밥에 재 뿌리는 격'으로 흙으로 메우는데도 아무 말 없이 가만히 떠날 수 있습니까? 또 고생해서 판 우물인데, 그럴 사람들이 몰려와서 '우리 것'이라고 우기며 흙으로 메우는 데 아무런 항변도 하지 않고 떠날 수 있습니까? 계속 반복되는 상황 속에서도 아무 말도 하지 않고 떠나는 사람이 정상적인 사람입니까? 세상에 이런 바보가 어디 있습니까? 이삭이 바로 그런 존재였습니다.

그것은 결코 싸워서 승산이 없기 때문이 아니었습니다. 그것은 양보의 미덕을 끝없이 발휘하는 이삭의 온유한 성품 때문이었습니다. 어쨌든 이삭은 엄청난 손해를 보면서도 우물을 원주민들에게 내어주고 또 이동하고 또 빼앗기고 이동하고, 빼앗기고 이동하면서 마침내 가나안 땅으로 돌아오게 되었던 것입니다.

그런데 아비멜렉이 친구와 군대장관을 데리고 이삭을 찾아와서 이렇게 말합니다.

> 그들이 이르되 여호와께서 너와 함께 계심을 우리가 분명히 보았으므로 우리의 사이 곧 우리와 너 사이에 맹세하여 너와 계약을 맺으리라 말하였노라(창 26:28).

서로 싸우지 말고 사이좋게 지내자며 화평을 요구합니다. 여기서 중요한 것은 '여호와 하나님이 이삭 너와 함께 계심을 우리가 분명히 보았다'는 고백입니다. 앞에서는 이삭의 실수하는 모습을 보았습니다. 그런데 이번에는 하나님이 이삭과 함께하는 삶의 모습을 보면서 먼저 찾아와 화평을 제의하는 것입니다.

그렇다면 아비멜렉의 바이블의 핵심이 무엇입니까? 이삭의 삶을 통해 이방 나라의 왕 아비멜렉이 감동을 받았습니다. 자기들이 이삭에게 엄청난 피해를 입혔음에도 불구하고 대적하기보다는 도리어 조용히 양보하고 남을 위해 기꺼이 포기할 줄 아는 관용의 미덕을 보았기 때문입니다. 한 번도 아니고 네 번씩이나 말입니다.

오늘 비그리스도인들은 그리스도인의 어떤 모습에서 삶의 감동을 받을 수가 있을까요? 바로 이삭과 같은 온유함에서 나오는 아량과 용서와 권리포기 같은 이타적인 삶의 모습일 것입니다.

만약 양육강식, 적자생존의 원리가 세상에 적용된다면, 세상에는 온통 덩치가 크고 힘이 세고 거칠고 무서운 공룡이나 사자, 호랑이, 독수리 같은 동물들로 가득해야 합니다. 그러나 실제로는 그렇지 않습니다. 거대한 공룡은 화석을 통해서만 그 실체를 알 수 있을 만큼 다 멸종되고 말았습니다. 사자나 호랑이는 동물원에 가야만 볼 수 있을 만큼 멸종위기에 놓여 있습니다. 늑대와 개는 비슷한 종류지만 사나운 늑대는 동물원 우리 속에서나 겨우 볼 수 있는 반면, 온순한 개는 사람들로부터 사랑을 받고 있습니다. 커다란 날개와 날카로운 부리와 무서운 발톱을 가지고 있는 독수리는 천연기념물로 보호해야 할 만큼 멸종위기에 놓여 있는 반면, 조그만 참새들은 어디에서나 볼 수 있습니다.

힘이 세고 난폭한 맹수들은 지구상에서 서서히 사라지고 있는 반면, 양이나 소 같은 유순한 초식동물들은 인간의 보호를 받고 있습니다. 언뜻 보기에는 힘의 논리에 의해 세상이 움직이는 것처럼 보이지만, 실제로는 그렇지 않습니다. 이것은 비단 동물세계에서만 적용되는 것이 아니라, 우리 인간세계에서도 동일하게 적용되고 있습니다.

제2차 세계대전의 중심 인물은 나치 독일의 히틀러와 이탈리아의 무솔리니, 영국의 처칠 세 사람인데 이 세 사람을 풍자한 이야기가 있습니다.

어느 날 세 사람이 연못에서 헤엄치고 있는 물고기를 잡는 내기를 했습니다. 제일 먼저 히틀러는 권총을 뽑아 발사를 했습니다. 그러나 총알은 물고기를 맞추지 못해서 실패하고 말았습니다. 히틀러의 실패를 본 무솔리니는 연못에 직접 들어가 고기를 잡으려고 했지만, 물고기가 사람보다 빨라서 역시 실패할 수밖에 없었습니다. 마지막으로 처칠 차례가 되자, 처칠은 연못의 물을 퍼내기 시작했습니다. 결국 연못의 물이 줄어들자 물고기는 가장 부드러운 방법을 사용한 처칠에게 잡히고 말았다는 것입니다.

제2차 세계대전 당시 히틀러와 무솔리니는 엄청난 힘을 가지고 있었지만, 전쟁에서 패배했고 마지막에는 비참하게 생을 마감하고 말았습니다. 그러나 처칠은 비록 강한 힘을 가지고 있지 않았지만,

전쟁에서 승리하였고 국가 유공자로서 영국 웨스트민스터 성당에 그 이름이 새겨져 후손들에게 귀한 모델이 되고 있습니다.

유명한 역사학자 토인비는 "칼을 쓴 나라는 망하였지만, 온유의 방침을 쓴 나라만이 승리했다"고 말한 적이 있습니다. 한때 전 유럽을 정복하고 세계 정복을 꿈꾸었던 나폴레옹은 세인트 헬레나 섬에서 최후에 이런 말을 남겼습니다. "나는 칼로서 온 유럽을 정복하였지만 결국은 실패하였다. 그러나 예수 그리스도는 십자가의 사랑으로 온 인류를 정복하였다."

칼로 세상을 정복하려고 했던 사람들은 패배한 반면, 십자가에 못 박혀 돌아가신 예수님은 승리하셨습니다. 칼을 쓴 나라들은 망하였지만, 온유한 나라들은 승리했습니다. 강한 자가 승리하는 것이 아니라, 온유한 자가 승리합니다.

시편 37편 11절 말씀입니다.

> 온유한 자들은 땅을 차지하며 풍성한 화평으로 즐거워하리로다
>
> (시 37:11)

온유한 자가 땅을 차지한다는 것은 현실적인 땅의 소유자가 된다는 것보다는 다스림의 권한을 의미합니다. 그러니까 세상 사람들의 마음의 땅을 사로잡아 내편으로 만드는 놀라운 인격적인 감화

력을 말하는 것입니다. 진정한 승리는 그 어느 누구와도 막힘이 없는 화평의 복인 것입니다. 그러니까 온유는 단순히 고분고분한 차원의 온순함을 말하지 않습니다.

우리는 온유와 온순을 혼동하지 말아야 합니다. 온유는 위로부터 주어지는 하나님의 성품이지만, 온순은 인간의 천성적인 성품입니다. 천성적으로 착하고 온순한 것과 온유는 다릅니다. 온순은 수동적인데 반해 온유는 능동적입니다. 온순은 그저 연약한 성품에서 올 수도 있으나 온유는 약함에서 오는 것이 아니라 강함에서 오는 것입니다. 오히려 강하기 때문에 부드러워질 수 있는 힘이 온유입니다. 어쩔 수 없이 약해서 낮아지는 것이 아니라 강하기에 스스로 낮아지고 죽어지는 사랑으로 승화된 성품이 온유입니다. 진정으로 온유는 약자의 덕이 아니라 강자의 덕임을 잊지 말아야 합니다.

하나님을 믿지 않는 아비멜렉 왕이 하나님을 믿는 이삭의 삶의 자리를 들여다보면서 "당신은 정말 하나님이 함께하시는군요"라고 말했습니다. 그것은 오늘날로 말하면 하나님을 믿지 않는 비그리스도인이 그리스도인의 삶을 통해 감동을 받아서 '당신 같은 사람이 믿는 예수라면 나도 예수님을 믿고 싶다'고 고백하는 것과 같은 것입니다.

아비멜렉의 바이블을 정리합니다. 왜 이삭이 아내를 누이라고 속임으로써 비그리스도인에게 창피와 수모를 당합니까? 그리고 블레셋 사람들이 왜 이삭이 우물을 파면 그것을 흙으로 메꾸어버렸습니까? 그것은 그리스도인이 있어야 할 자리에 있지 않았기 때문입니다.

그러나 반대의 경우도 있었습니다. 결국 손해보는 자리에 있으면서도 남을 위해 양보의 미덕을 발휘했던 이삭은 자기도 모르는 사이 이리저리 손해보고 밀려가는 가운데 그 발걸음이 약속의 땅으로 옮겨지고 있었습니다. 사실 이삭이 하나님이 기뻐하시는 땅이 아닌 그랄 땅에 거주하는 가운데도 하나님이 백배의 복을 주신 것은 블레셋 사람들로 하여금 이삭을 시기하게 하여 이삭의 삶의 자리를 약속의 땅으로 옮겨가도록 하는 하나님의 인도하심이었던 것입니다.

이삭이 원주민들에게 우물을 빼앗기는 손해를 보면서도 저들과 맞서 싸우지 않고 온유함으로 양보의 미덕을 보였기에 아비멜렉과 그 백성들에게 놀라운 삶의 감동을 주었습니다. 그 감동적인 이삭의 삶이 바로 아비멜렉에게 바이블이 되었습니다.

"당신은 정말 하나님의 사람이군요, 당신은 정말 하나님이 함께 하시는 사람이군요, 당신은 정말 하나님이 복 주시는 사람이군요"라는 말을 비그리스도인들로부터 듣기 위해서 우리는 세상 속에서 어떤 삶을 살아야 하겠습니까?

내가 손해를 좀 보더라도 남에게 양보의 미덕을 발휘하십시오. 지금 내 삶에 찾아온 시련이 축복의 손길임을 믿고 감사하며 나아가십시오. 이삭이 자신에게 손해를 끼친 자를 용서하고 화평을 이루며 저들을 위해 잔치를 베푼 것 같이, 당신도 세상 사람들과 하나님의 복과 화해를 나누며 살아가십시오.

'감동 있는 당신의 삶이야말로 내가 가장 가까이 볼 수 있는 바이블(성경)입니다'라는 고백을 듣게 될 것입니다.

12
형통케 하시는 하나님을 보다

현대인은 성공에 관심이 많습니다. 생존의 문제가 해결되면 누구나 소위 성공을 향해 달음박질합니다. 그런데 막상 세상의 물질과 명예와 권력을 쥐고 성공의 자부심을 가진 채 살아가도 다른 사람들에게 감동을 전혀 주지 못하는 사람들이 있습니다. 도리어 많은 사람의 눈살을 찌푸리게 하며 살아가는 사람들이 있습니다. 그렇다면 그것이 과연 진정한 성공이라고 말할 수 있을까요? 진정한 성공이란 무엇일까요?

성경에서는 성공을 바로 형통이라고 표현합니다. 한자로 형통(亨通)은 형통할 형에, 통할 통 그러니까 풀어서 말한다면 '언제 어디서나 복을 누리며, 복을 끼치며 사는 자'란 뜻입니다.

오늘날의 현대인들은 멋을 따라 살기보다 맛을 따라 산다고 해도 과언이 아닐 것입니다. 맛과 멋의 차이가 무엇일까요? 맛이 혀를 즐겁게 하는 것이라면, 멋은 눈과 귀 그리고 풍채와 인격 전체를 마음으로 즐기는 것이라 생각합니다. 맛이 감각적인 것이라면 멋은 감동적인 것입니다. 사람들 중에는 맛을 따라 사는 사람이 있는가 하면 멋을 따라 사는 사람이 있습니다. 그렇다면 어떤 사람이 정말 멋있는 사람입니까?

어느 외국잡지에서 멋있는 사람의 표본을 아래의 열한 가지로 제시한 것을 보았습니다.

① 가정에서 상냥한 사람
② 사업에서 정직한 사람
③ 대인관계에서 공손한 사람
④ 사회생활에서 공정한 사람
⑤ 불행한 사람을 동정하고 이끌어주는 사람
⑥ 약자에게 도움이 되는 사람
⑦ 불의한 사람에게 저항하는 사람
⑧ 의로운 사람을 신뢰하는 사람
⑨ 드러난 사람에게 진정한 축하를 보내는 사람
⑩ 참회하는 사람을 용서하는 사람
⑪ 하나님을 경외하고 그 뜻대로 사는 사람

풍요로운 삶을 살면서도 조금도 다른 사람들에게 감동을 주지 못하고 사는 사람들이 많습니다. 첨단 과학문명의 시대를 살면서 인간미는 점점 그 맛을 잃어갑니다. 심지어 하나님이 택한 백성인 그리스도인들조차도 비그리스도인들에게 삶의 감동을 주어 천국 문을 열기보다는 도리어 자신을 위한 감각적인 삶을 살다가 세상 사람들에게 손가락질과 비난을 받습니다.

이제 만나볼 사람은 맛이 아닌 멋을 따라 살았고, 언제 어디서나 복을 누리고 복을 끼치며 살았으며 형통한 삶이 무엇인지를 보여준 요셉이라는 인물입니다. 요셉은 배다른 형제들의 미움을 사서 애굽으로 팔려갑니다. 그곳에서 요셉이 첫 번째 거주하게 된 곳이 보디발의 집이었습니다. 보디발은 애굽 왕의 시위대장이었습니다. 오늘날로 말하면 청와대 경호실장 정도 되는 높은 직위에 있는, 실세 중의 실세입니다. 비록 노예의 신분이었음에도 불구하고 요셉은 그곳에서 주인에게 인정을 받고 사랑을 받습니다.

> 그 주인이 여호와께서 그와 함께 하심을 보며 또 여호와께서 그의 범사에 형통하게 하심을 보았더라(창 39:3).

여기서 주목할 부분은 '그 주인이 그것을 보았다'라는 것입니다. 하나님이 요셉과 함께하셨고, 그래서 요셉이 하는 모든 일이 성공적으로 이루어지는 것을 그 주인 보디발이 보았다는 말입니다. 즉,

요셉의 성공은 자기 자신만의 성공이라는 차원에서 끝난 것이 아니라, 그 성공을 가능케 하신 분이 하나님이라는 사실을 보디발에게 증명해 보였다는 것입니다. 보디발은 하나님을 섬기지 않는 사람이었고 태양신을 비롯해서 각종 애굽 우상을 섬기는 사람이었습니다. 그런 사람 밑에서 요셉이 여전히 여호와 하나님을 섬기고 살았다는 것은 대단한 일입니다.

3절 후반에 "그의 범사에"라는 문구가 나옵니다. 이는 어떤 기적적인 현상이 아니라 요셉의 평범하고 일반적인 삶의 모습을 말합니다. 요셉이 살아가는 그 모든 삶의 현장에서 하는 일마다, 계획하는 것마다 저가 믿는 하나님이 도우셔서 이루어지는 것이 보디발에게 증거되었다는 것입니다. 그런 면에서 요셉의 삶은 진정으로 보디발의 바이블이었습니다. 왜냐하면 하나님을 세상에서 증거하는 삶을 살았기 때문입니다.

그렇다면 요셉의 어떤 삶의 모습이 보디발에게 감동을 주었을까요? 요셉의 삶이 보디발의 바이블이 된 까닭은 먼저 요셉은 비록 불행한 환경에 놓여 있으면서도 원망과 불평 대신에 감사와 기쁨이 충만한 삶을 살았다는 것입니다. 요셉은 행복이 하나님의 은총이고 사랑이고 복이지만, 고난도 하나님의 뜻을 이루는 과정임을 믿는 신앙적 세계관을 가지고 있기에 언제나 행복했습니다.

시냇물이 졸졸졸 노래하는 소리가 나는 이유를 아십니까? 그것은 물속의 작은 돌멩이들 때문이랍니다. 우리 인생 여정 중에도 원치 않는 돌멩이들이 자리잡을 때가 있습니다. 하지만 바로 그때가 하나님의 영광과 주님의 향기를 더욱더 드러낼 때라는 사실을 알아야 합니다.

옛날에 항상 "폐하, 잘된 일입니다"라고만 말하는 신하가 있었습니다. 어느 날 왕과 그 신하가 함께 사냥을 하러 갔는데 신하가 왕의 총에 총알을 거꾸로 장전해서 왕의 손가락 하나가 잘려 나갔습니다. 그러자 신하가 말합니다. "폐하, 참 잘된 일입니다." 왕이 분노해 그 신하를 감옥에 넣었습니다.

이듬해, 왕이 다시 사냥을 나갔다가 길을 잃어 식인종에게 붙잡혔습니다. 식인종들이 가만히 살펴보니 왕의 손가락이 하나 없습니다. 식인종들은 '이 음식은 흠이 있구나'라며 왕을 풀어줬습니다. 식인종에게 풀려난 왕이 감옥에 가서 그 신하에게 말했습니다. "자네 덕분에 살았어. 미안하네." 신하가 말했습니다. "폐하, 참으로 잘된 일입니다. 제가 감옥에 안 들어왔으면 폐하와 같이 사냥을 나갔을 것이고 저는 흠없는 음식으로 저들의 밥이 되었을 것입니다."

요셉은 그 누구도 미워하지 않았습니다. 요셉은 자신을 노예로 판 다른 형제들에게 앙갚음의 날을 기다리며 분을 품고 살지도 않았습니다. 그것은 훗날 애굽의 총리가 되었을 때 흉년에 애굽에 식량을 사러 온 형제들을 만나는 자리에서 입증되었습니다. 창세기

45장 5절을 보면 요셉의 유명한 신앙간증이 있습니다. 두려워 떨고 있는 형제들에게 말합니다. "당신들이 나를 이곳에 팔았으므로 근심하지 마소서 한탄하지 마소서 하나님이 생명을 구원하시려고 나를 당신들 보다 먼저 보내셨나이다." 다시 말하면 "당신들이 나를 판 것이 아닙니다. 우리 가정을 위해서 하나님이 나를 먼저 이리로 보내신 것입니다." 요셉은 팔려왔다는 의식에서 벗어나 하나님이 계획 가운데 자신을 보내셨다는 의식으로 살았습니다. 그것이 바로 하나님이 함께하셔서 형통케 하심의 복을 받는 비결이었습니다.

더욱이 요셉은 보디발의 아내에게 유혹을 받지만 그것을 뿌리칩니다. 그런데 억울하게 누명을 쓰고 감옥에 들어갑니다. 억울한 노예생활에서 더 억울한 죄수생활로 전락합니다. 사실 이 정도면 억울하고, 분하고, 원통해서 아무 일도 하지 못합니다. 이것처럼 답답한 일이 없습니다. 그러나 요셉은 결코 미움이나 한의 노예가 되지 않았습니다. 여기에 위대함이 있는 것입니다.

요셉은 왜 내 인생이 하루아침에 나락으로 떨어졌는가 하면서 낙심하고 절망하고 좌절하고 인생을 저주하는 사람이 아니었습니다. 오히려 이 시련의 과정이 어려서 하나님이 보여주신 꿈을 이루는 과정임을 생각하며 믿음으로 이겨냅니다.

따라서 형통은 환경의 문제가 아니라 환경에 반응하는 마음의 태도의 문제입니다. 그 환경을 어떻게 해석하느냐 하는 것입니다. 같은 환경에서도 해석이 좋으면 형통하지만 해석이 나쁘면 우울하고 불행합니다. 같은 물을 먹고도 젖소는 우유를 내지만 뱀은 독을 냅니다. 요셉은 지금은 비록 노예로 살아가지만 하나님의 섭리 안에서 주어진 삶을 살고 있기에 항상 기뻐하고 범사에 감사하는 삶을 살 수 있었습니다. 요셉이 처한 삶의 날씨는 먹구름이었지만, 그의 마음속에서 이루어지는 내면의 날씨는 화창한 봄날이었습니다. 바로 그 모습을 보디발이 보았습니다.

> 그 주인이 여호와께서 그와 함께 하심을 보며 또 여호와께서 그의 범사에 형통하게 하심을 보았더라(창 39:3).

두 번째 보디발이 요셉의 삶에서 감동을 받은 것은 주도적인 성실함과 진실함 때문입니다.

> 요셉이 그의 주인에게 은혜를 입어 섬기매 그가 요셉을 가정 총무를 삼고 자기 소유를 다 그의 손에 위탁하니(창39:4).

특히 '요셉이 그 주인에게 은혜를 입어'라는 히브리 원어는 '눈에 들었다', '인정을 받았다'는 뜻입니다. 보디발에게 절대적인 신임을 얻었다는 것입니다. 그래서 그 가정의 열쇠란 열쇠는 전부 다 요셉이 맡았고, 그 집에서 일어나는 모든 일의 책임도 맡았습니다. 어떤 사람이든 자기의 소유를 남에게 쉽게 맡기지는 못합니다. 맡기려면 믿을 수 있어야 합니다. 그런데 주인 보디발은 요셉을 전적으로 신뢰하였습니다. 주인이 어느 정도로 요셉을 신임했습니까?

> "주인이 그의 소유를 다 요셉의 손에 위탁하고 자기가 먹는 음식 외에는 간섭하지 아니하였더라"(창39:6).

자기가 먹는 음식물을 제외한 모든 것을 맡겼습니다. 한마디로 주인은 요셉에게 예금통장, 주식, 채권, 집문서, 논문서, 인감도장 등의 모든 것을 다 맡길 정도로 그를 신임했습니다. 어떻게 노예의 신분에 있는 사람이 주인에게 이런 신뢰를 받을 수 있었을까요. 그것은 요셉이 무슨 일을 하던 매사에 성실함과 진실함으로 그 일을 감당하는 것을 보디발이 보았기 때문입니다.

벤저민 플랭클린은 "백 권의 책에 쓰인 말보다, 한 가지 성실한 마음이 더 크게 사람을 움직인다"고 했습니다. 프랜시스 후쿠야마라는 사람도 자신의 책 *Trust*(트러스트)에서 "경제가 지식과 자본과 기술에 의해서 이루어지는 것이 아니라 신용도에 의해서 이루어지는 것"이라고 말합니다. 즉, 돈이 없어 못사는 것이 아니라 진실과 성실이 없어서 못사는 것이라는 이야기입니다. 기술과 지식이 있어도 성실이라는 기초가 없으면 무너지고 맙니다. 장사도 서로 간에 믿을 수 없으면 할 수 없습니다. 그러나 성실한 신뢰가 바탕이 되면 무엇이든지 이룰 수 있는 것입니다.

마더 테레사 수녀가 유명하다는 말을 듣고 한 사람이 그를 만나기 위해 캘커타를 찾았습니다. 노벨 평화상을 받은 분이기에 많이 다를 거라 생각했는데 고작 300명 고아들을 데리고 살고 있었습니다. 그가 수녀에게 물었습니다.

"수녀님, 기업가들은 하루에 수만 명 고아들을 먹입니다. 사람들은 당신을 성공자라고 부르는데 기업가보다 못하지 않습니까?"

이때 테레사 수녀가 말했습니다.

"하나님은 나를 성공하라고 부르지 않고 성실하라고 부르셨습니다(God did not call me successful but faithful). 나는 하나님이 나에게 맡겨 준 일에 성실히 충성하다가 하나님 앞에 갈 것입니다."

미국의 백화점 왕으로 불리게 된 페니는 하버드대학 출신으로 총장의 추천을 받고 다른 동창생과 함께 한 백화점에 입사했습니다. 그에게 처음 맡겨진 일은 어처구니없게도 엘리베이터 안내였습니다. 같이 입사한 동창생은 자기를 무시하는 인사라며 회사를 그만두었지만, 페니는 혼자 백화점에서 그 일을 했습니다. 페니는 엘리베이터 안내를 하면서 손님의 상황을 파악합니다. 손님들의 대화, 물건의 선호도, 불평, 요구사항 등을 포착하고 보고서를 제출하여 백화점 경영에 상당한 공헌을 합니다. 결국 페니는 인정을 받아 승진을 거듭하여 중역을 거쳐 사장이 되었고, 드디어 백화점 왕이 된 것입니다.

이런 이야기를 통해서 우리가 깨닫게 되는 진리가 무엇입니까? 달란트 비유에서 주신 말씀입니다.

> 네가 작은 일에 충성하였으매 내가 많은 것으로 네게 맡기리니 (마 25:21).
>
> 무릇 있는 자는 받아 풍족하게 되고 없는 자는 그 있는 것까지 빼앗기리라(마 25:29).

요셉은 보디발의 집에 열일곱 살에 팔려갔고 서른 살에 애굽의 총리가 되었습니다. 요셉은 보디발의 집과 감옥에서 13년이나 있었습니다. 감옥에서는 최소한 2년을 보냈습니다. 요셉은 보디발의 집에서 최대 11년에서 최소 7-8년은 있었을 것입니다. 하나님이 함께하신다고 해서 요셉이 빈둥빈둥 놀기만 했다면 주인이 인정을 했겠습니까? 하나님이 꿈으로 계시해준다고 해서, 주인 보디발이 '이 일을 어떻게 하랴'고 물으면 '꿈을 꿔야 하나님의 계시가 옵니다' 하고 바로 옆 침대에 벌렁 누웠겠습니까? 주인이 자신에게 잘해줄수록 요셉은 그것을 은혜로 여기고 주인의 은혜에 보답하기 위해 더 열심히 자발적으로 일하고 섬겼습니다. 이런 그의 진실하고 성실한 모습을 본 주인이 어떻게 요셉을 신임하지 않을 수 있겠습니까? 그래서 요셉은 보디발 집의 가정 총무가 되었던 것입니다.

세 번째 요셉의 삶이 보디발의 바이블이 될 수 있었던 것은 그가 축복의 통로, 즉 복을 끼치는 자로서의 삶을 살았기 때문입니다. 요즘 유행하는 리더십의 용어로 말한다면 임파워링 리더십(Empowering leadership)입니다. 다른 사람을 신바람나게 하고, 다른 사람을 기쁘고 능력 있게 만들어주는 리더십을 말합니다.

> 그가 요셉에게 자기 집과 그의 모든 소유물을 주관하게 한 때부터 여호와께서 요셉을 위하여 그 애굽 사람의 집에 복을 내리시므로 여호와의 복이 그의 집과 밭에 있는 모든 소유에 미친지라(창 39:5).

요셉 때문에 애굽 사람의 집이 복을 받았습니다. 그의 집과 모든 소유가 복을 받았습니다. 뒤에 보면 요셉 때문에 감옥에 있는 죄수들과 간수가 복을 받았습니다. 요셉 때문에 애굽 나라와 모든 세계가 복을 받았습니다. 요셉은 다른 사람을 복되게 한 사람입니다. 요셉은 혼자 복을 받은 것이 아닙니다. 그로 인하여 다른 사람이 복을 받았습니다. 이것이 형통한 삶의 모습입니다.

형통한 인생은 복의 자리뿐 아니라 시련의 자리에서조차 남을 복되게 합니다. 그 사람 때문에 다른 사람이 복을 얻습니다. 하나님이 세상을 창조하셔서 모든 생물들에게 복을 주신 것처럼 진정한 그리스도인은 모든 사람을 복되게 합니다. 성경의 복은 내가 아니라 너에서 출발합니다. 하나님이 아브라함에게 복을 주셨습니다.

> 내가 너로 큰 민족을 이루고 네게 복을 주어 네 이름을 창대하게 하리니 너는 복이 될지라 너를 축복하는 자에게 내가 복을 내리고…(창 12:2-3).

하나님의 가르침은 남을 복되게 하라는 것입니다. 나보다 남을 먼저 복 받게 하라는 것입니다. 따라서 모든 그리스도인들의 꿈과 비전은 하나님의 복을 유통하는 사명을 이루는 삶을 사는 것입니다. 남을 형통케 하십시오. 그러면 자신이 형통하게 될 것입니다. 남을 성공시키는 자가 되십시오. 그러면 성공하게 될 것입니다. 남을 기쁘게 하십시오. 그러면 기쁨이 넘칠 것입니다.

통로가 막히면 모든 것이 막힙니다. 굴뚝이 막히고, 하수도가 막히면 어떻게 됩니까? 사람의 몸도 막히면 안 됩니다. 음식 먹다가 식도와 기도가 막혀 죽는 사람도 있습니다. 뭐든지 유통(流通)이 잘 되어야 합니다. 영적으로도 마찬가지입니다. 기도의 통로, 말씀의 통로, 은혜의 통로, 복의 통로가 막히면 어떻게 되겠습니까? 막힌 것이 문제입니다. 그리스도인은 송수관이 되어야 합니다. 메마른 대지에 물을 공급하는 송수관, 문제가 있는 곳에 해답을 주는 송수관, 생명이 없는 곳에 생명을 공급하는 송수관의 역할을 해야 한다는 것입니다. 나만, 내 자녀만, 내 남편과 아내만, 내 가정만을 위한 삶이 아닌, 요셉처럼 이웃을 복되게 하는 통로로서의 삶을 살아야 합니다.

20세기 전반, 영화계를 대표하는 희극 왕 찰리 채플린은 머리에는 중절모를 쓰고 손에는 지팡이를 드는 등 독특한 분장과 재미있는 팬터마임으로 많은 사람들을 웃기곤 했습니다. 특별히 그는 가난한 서민의 어려움을 풍자한 연기와 정의감에 입각한 연기로 많은 사람들을 즐겁게 하였습니다.

그가 한창 전성기였을 때, 휴가를 얻어서 한적한 시골로 여행을 갔습니다. 그런데 그곳에서 재미있는 일이 벌어지고 있었습니다. 바로 '채플린 흉내 내기 대회'였습니다. 한편으로는 반갑고 또 한편으로는 겸연쩍은 마음이 들었지만, 호기심을 느껴 진짜 채플린도 참가 신청서를 제출했습니다. 대회장은 수많은 구경꾼들과 여러 명의 참석자들로 북적거렸습니다. 한 사람씩 채플린을 흉내 내며 연기를 하는데, 관객들은 배꼽을 쥐고 웃었습니다. 진짜 채플린이 보기에도 연기를 정말 잘하는 것입니다. 드디어 진짜 채플린 차례가 되어 그가 무대 위로 올라갔습니다. 그 어느 때보다 그는 진지하게 자기의 모든 것을 보여주려고 연기를 했습니다. 모든 참가자들의 연기가 끝났습니다. 심사위원들이 심사를 하고 심사결과를 발표하게 될 때, 진짜 채플린은 자신이 1등으로 뽑힐 것으로 기대했습니다. 그런데 엉뚱한 사람이 1등으로 뽑혔습니다. 더욱 놀라운 것은 1등으로 뽑힌 가짜 채플린은 진짜 채플린의 실제 연기를 한 번도 보지 못한 시골 청년이었다는 것입니다.

세상에는 진짜와 가짜가 구별이 쉽지 않습니다. 오죽하면 원조,

진짜 원조, 시조, 오리지널 등의 말을 사용하겠습니까? 어느 음식점이 시조이고 어떤 물건이 오리지널이고, 누가 원조인지 도대체 분간할 수가 없습니다.

교회 안에도 마찬가지입니다. 진짜로 하나님과 동행하는 사람인지, 아니면 말로만 하나님과 동행하는 사람인지 구분하는 것은 어렵습니다. 그러나 한 가지 알 수 있는 것은 비그리스도인의 눈에 어떻게 보이느냐에 따라, 어느 정도는 구분할 수 있다는 것입니다. 농부는 열매를 보고 그 나무가 건강한 나무인지 병든 나무인지 알 수 있듯이 그리스도인들이 아무리 '나는 하나님과 동행하는 사람입니다'라고 떠들어도 비그리스도인들의 눈에 그렇게 보이지 않는다면 그 사람은 건강한 신앙인이 아닙니다.

말씀으로 다시 돌아가 보면, 요셉은 본인 스스로 '나는 하나님과 동행하는 사람입니다'라고 말하지 않습니다. 보디발이 요셉을 보고 '저 친구는 진정으로 하나님과 동행하는 사람이야'라고 인정한 것입니다. 요셉처럼 자신이 말하거나 표현하지 않아도 '하나님과 함께하는 사람'이라고 인정받는 삶을 살기 바랍니다.

요셉, 그는 절망할 수밖에 없는 환경에서 살았습니다. 그러나 그는 불행해하지도 절망하지도 않았습니다. 오히려 성실함과 진실함으로 인정받는 사람이 되었고, 더 나아가 주위를 축복하는 사람이었고, 하나님과 동행하는 사람이었습니다. 우리도 요셉과 같은 감동의 삶을 살아간다면 누군가에게는 바이블이 될 것입니다.

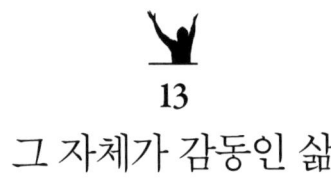

13
그 자체가 감동인 삶

어떤 분이 교인의 스타일을 여섯 가지로 분류해 놓았습니다.

첫째, 달구지 같은 교인입니다. 누군가가 끌어주지 않으면 꼼짝도 하지 않는 사람입니다.

둘째, 하늘을 나는 연 같은 교인입니다. 항상 높이 올라가려고만 하는 잘난 척하는 사람입니다. 그러나 실상은 실에 매여 더 높이 오르지도 못하고 줄이 끊어질까봐 위태로운 신앙생활을 하고 있는 사람입니다.

셋째, 고양이 교인이 있습니다. 고양이는 늘 머리를 쓰다듬어 줘야 좋아한다고 합니다. 이처럼 칭찬받기만을 좋아하고 누가 건드리면 금방 할퀴려고 덤벼든다는 것입니다.

넷째, 럭비공 같은 교인이 있습니다. 그 공은 타원형으로 뾰쪽하게 생겨서 한 번 튀면 종잡을 수가 없습니다. 이리 튀고 저리 튀고 아무도 종잡을 수가 없는 사람입니다.

다섯째, 크리스마스트리의 전구같은 교인이 있습니다. 불이 들어왔다 꺼졌다 하는 것처럼 들쑥날쑥합니다. 믿음이 있다 없다, 기도를 하다 말다, 교회에 나오다 말다, 봉사를 하다 말다, 껌벅껌벅한다는 것입니다.

여섯째, 반석 같은 교인이 있습니다. 비가 오나 눈이 오나 변함없는 마음으로 주님이 부르시는 일에 "예"하고 바른 응답을 하면서 살아가는 사람들입니다. 하나님은 어제나 오늘이나 변함없는 믿음으로 충성하는 사람들을 통해 놀라운 일을 행하고 계십니다.

다니엘서 6장에는 세상 속에서 변함없는 믿음으로 살았던 구약시대의 한 인물이 등장합니다. 그는 다름 아닌 다니엘입니다. 다니엘은 BC 6세기 이스라엘이 바벨론의 침략을 받아 멸망할 때 포로로 끌려갔던 사람입니다. 소년시절부터 노년에 이르기까지 바벨론에 살면서 많은 고난을 겪었지만 바벨론의 총리가 되었고, 역사에 빛나는 인물이 되었습니다.

바벨론 정권이 바뀌어 메대 바사 왕국이 된 후의 상황으로, 다니엘은 총리가 되어 있었습니다. 다리오 왕은 전국에 120명의 고관을 세워 통치하고, 그 고관들을 세 명의 총리가 관리하도록 했습니다. 세 명 중의 한 명이 다니엘입니다. 그런데 세 명의 총리가 관할하다 보니 효율성이 떨어집니다. 그래서 다니엘을 수석총리로 세워 전체를 관할하도록 계획합니다. 그 계획을 눈치챈 다른 두 명의 총리와 고관들이 불만을 갖게 됩니다. 포로 출신인 다니엘이 어떻게 자기들보다 더 높은 자리에 앉을 수 있느냐는 것입니다. 다시 말하면 굴러온 돌이 박힌 돌을 빼내는 것을 결코 용납할 수 없다는 겁니다. 그래서 그들은 다니엘을 몰아낼 음모를 꾸밉니다.

다니엘을 시기하는 사람들은 다니엘로부터 아무런 잘못이나 어떠한 흠도 찾을 수 없었습니다. 정상적인 방법으로는 다니엘을 고발할 수 없다는 사실을 알고는 한 가지 계략을 세웁니다. 다리오 왕을 부추겨 앞으로 30일 동안 왕 외의 어느 신이나, 어떤 사람이나 지위 여하를 막론하고 절하지 못하게 하는 것입니다. 만약 절을 하면 사자 굴에 던져넣기로 한 것입니다. 이는 다니엘이 늘 하나님 앞에 기도한다는 사실을 저들이 알고 있었기 때문입니다. 신하들의 음모를 알지 못한 다리오 왕은 자신을 위한다는 생각에 그들이 만든 법령에 덜컥 도장을 찍었습니다. 왕의 도장이 찍히면 절대 바꿀 수 없는 금령이 선포된 것입니다. 이 법은 언뜻보면 왕을 높이고 왕만을 섬기겠다는 신하들의 충성스러운 모습처럼 보이지만, 실제로는 정치적인 경쟁 상대인 다니엘을 죽이려는 간교한 수법이었습니다. 그런데 다니엘은 이에 대하여 어떻게 반응했습니까?

다니엘이 이 조서에 왕의 도장이 찍힌 것을 알고도 자기 집에 돌아가서는 윗방에 올라가 예루살렘으로 향한 창문을 열고 전에 하던 대로 하루 세 번씩 무릎을 꿇고 기도하며 그의 하나님께 감사하였더라(단 6:10).

다니엘은 이미 자기를 함정에 빠뜨리기 위한 새로운 법률이 제정되었고, 공표되었다는 것을 알았습니다. 다리오 왕 외에 어떤 사람이나 신에게 기도해서는 안 된다는 것을 알았습니다. 만약 그 법을 어기면 사자 굴에 던져진다는 사실도 알았습니다. 그럼에도 불구하고 그는 하나님께 기도했습니다. 사실 그가 30일만 조용히 지내면 아무런 문제가 없습니다. 아니면 골방에 들어가 이불 뒤집어쓰고 조용히 묵상으로 기도할 수도 있었습니다. 아니면 30일 동안만이라도 창문을 열지 않은 채 기도할 수 있었습니다. 그러나 그는 늘 하던 대로 예루살렘으로 향한 창문을 열고 하루 세 번씩 무릎을 꿇고 기도했습니다. 그는 일신상의 안위를 위해 신앙을 포기하고 싶은 생각이 없었던 것입니다. 결국 이로 인해 다니엘은 사자 굴에 던져지는 처지가 됩니다. 평소에 다니엘을 아끼는 다리오 왕은 간신배 신하들에게 속아서 어쩔 수 없이 이렇게 되었다는 사실을 알고는 어떤 반응을 보였습니까?

왕이 이 말을 듣고 그로 말미암아 심히 근심하여 다니엘을 구원하려고 마음을 쓰며 그를 건져내려고 힘을 다하다가 해가 질 때에 이르렀더라(단 6:14).

왕이 사자 굴에 던져진 다니엘을 찾아와서 하는 말을 보십시오.

> …왕이 다니엘에게 이르되 네가 항상 섬기는 너의 하나님이 너를 구원하시리라 하니라(단 6:16).

왕이 오락을 그치고 금식을 하고 뜬 눈으로 밤을 지새우고 이튿날 사자 굴에 와서 또 말합니다.

> 살아 계시는 하나님의 종 다니엘아 네가 항상 섬기는 네 하나님이 사자들에게서 능히 너를 구원하셨느냐(단 6:20).

이 같은 다리오 왕의 표현 속에서 우리가 눈여겨보아야 할 대목이 있습니다. "네가 항상 섬기는 너의 하나님"이란 표현입니다. 이것이 무엇을 말하는 것입니까? "다니엘아, 네가 비가 오나 눈이 오나 여름이나 겨울이나 괴로우나 즐거우나 한결같이 믿고 사랑하고 섬기는 그 하나님이 너를 구원하지 않더냐"라는 뜻입니다.

다리오 왕은 하나님을 믿는 사람이 아니었습니다. 그러나 다니엘을 지켜보고 다니엘의 믿음을 그렇게 평가한 것입니다. 우상을 섬기는 이방 땅에서조차 자신이 믿는 하나님만을 변함없이 사랑하고 의지하고 믿고 따르는 신실한 사람임을 알고 있었던 것입니다. 이런 다니엘의 신앙과 삶이 바로 비그리스도인이었던 다리오 왕의 바이블이 되고 있었던 것입니다. 이렇게 변함없이 주님만을 섬겼던 다니엘의 삶은 어떤 모습이었을까요?

첫째, 시간적인 면에서 시종일관 변함없는 믿음을 갖고 있었습니다. 다니엘은 이방 땅에서 소년 때나 청년 때나 늙었을 때나 한결같이 하나님을 섬겼습니다. 포로의 신세가 되었을 때나 대제국의 국무총리가 되었을 때나 변함없이 하나님을 섬겼습니다. 십대의 어린 나이에 나라를 빼앗긴 후 사랑하는 가족들과 생이별을 하고 포로의 신분으로 바벨론 제국에 끌려갔습니다. 그럼에도 불구하고 다니엘은 환경을 탓하지 않고 있는 자리에서 영향력을 발휘했습니다. 우리가 잘 아는 것처럼 그는 한참 자랄 나이로, 먹고 돌아서면 곧바로 배고픈 십대 시기에 이방 신전에 드려진 음식으로 자신을 더럽히지 않겠다는 결심을 하고 열흘 동안 채소와 물만 먹었습니다. 물론 어느 분들은 "그 까짓 음식 하나 안 먹는 것, 고기 덩어리 안 먹는 것이 뭐 그리 대단한 일인가. 채식주의자들도 있는데…"라고 반문할 수도 있습니다. 그러나 다니엘은 이 작은 사건을 통해서 하나님이 살아 계심을 보여주었습니다.

바로 이 사건 때문에 인정을 받기 시작했고, 바벨론제국에서 영향력 있는 삶을 시작할 수 있었습니다. 그러나 백발이 성성할 때까지 이와 같은 자세를, 신앙의 절개를 끝까지 지켜나갔다는 것은 참 놀라운 일입니다.

다니엘은 바벨론의 느브갓네살 왕에게 인정받았을 뿐 아니라,

벨사살 왕 시대에도 인정을 받습니다. 그리고 바벨론 제국이 페르시아 제국에 멸망하여 다리오 왕이 등장했을 때에도 그에게 신임을 받았습니다. 그는 시대가 바뀌고 정권이 바뀌어도 변함없는 믿음으로 하나님을 의지함으로 여러 왕들에게 동일한 신뢰와 인정을 받았습니다.

사람들의 신앙은 시간이 지나면서 변질되기도 합니다. 구약성경에도 이런 극단적인 믿음을 보여준 인물이 있는데 바로 사울 왕입니다. 그는 하나님의 선택을 받을 때 매우 겸손했습니다. 그러나 세월이 지나면서 자기의 기념비를 스스로 세울 만큼 교만한 사람이 됩니다. 그는 욕심이 없는 사람이었습니다. 그러나 말년에는 탐욕의 사람이 되었습니다. 처음에는 순종의 사람이었지만 나중에는 불순종의 사람이 되었습니다.

우리 그리스도인들이 가장 경계해야 할 영적인 적이 바로 변질이라는 것입니다. 변질이란 처음에는 좋은 것이 나중에는 변하고 상하게 되는 것을 말합니다. 음식이 변질되듯이 사람의 인격도, 신앙도, 사랑의 관계도 변질이 될 수 있음을 잊지 말아야 합니다.

왜 많은 사람들의 가정이 깨어집니까? 처음에는 얼마나 애틋한 사랑을 나눕니까? 그러나 문제는 시간이 갈수록 그 사랑이 식는다는 것입니다. 사랑이 변질되는 것입니다.

한 남자가 길을 가다가 장례식 행렬을 보았습니다. 선두에 상주인 듯한 남자가 개 한 마리를 끌고가고 있고, 뒤에는 많은 사람들이 줄지어 그를 따르고 있었습니다. 궁금증이 생긴 남자가 상주에게 물었습니다.

"누가 돌아가셨나요?"

"우리 마누라가 죽었소."

"근데 이 개는 뭐죠?"

"바로 이 개가 우리 마누라를 물어 죽인 개라오."

"세상에 어찌 그럴 수가? 혹시 그 개를 좀 빌려줄 수 있을까요?"

그때 상주가 이렇게 말합니다.

"그럼 저 뒤에 가서 줄 서시오. 지금 이 개를 빌려가려고 줄 선 남자들이 얼마나 많은지 셀 수가 없소!"

세대별로 부부의 자는 모습이 다르다는 우스갯소리가 있습니다. 20대는 서로 마주보고 잡니다. 30대는 똑바로 누워서 잡니다. 40대는 등을 돌리고 잡니다. 50대는 따로 잡니다. 60대는 어디서 자는지 모른답니다.

세상은 수없이 변합니다. 그러나 주님을 향한 우리의 믿음은 변함이 없어야 합니다. 처음과 나중이 한결같은 신앙생활을 해야 합니다. 세상 일이 잘되는 때나 어려운 때나 시종 변함없는 그리스도인이 되어야 합니다.

하나님이 우리 인간들처럼 변덕스러우시다면 우리는 벌써 이 세상 사람이 아닐 수도 있습니다. 인간이 죄짓는 모습 때문에 화가 나셔서 지구의 자전과 공전을 한순간에 멈추고, 자라던 곡식을 더 이상 자라지 않게 하고, 비가 전혀 내리지 않게 하신다고 상상할 수 있겠습니까? 그러나 주님은 악한 자의 밭에도, 선한 자의 밭에도 비를 내리십니다. 하나님은 한번 약속하신 것은 변함없이 지키십니다. 한번 사랑하기로 결정한 사람은 끝까지 사랑하십니다. 따라서 하나님은 오늘도 우리에게 처음이나 중간이나 끝이나 시종일관 변함없는 신앙을 요구하십니다. 하나님은 그런 사람을 지키시고 책임지십니다. 그래서 시종일관 변함없는 믿음의 사람 다니엘을 지키시고 높이십니다.

> 네가 항상 섬기는 너의 하나님이 너를 구원하시리라(단 6:16).

둘째, 질적인 면에서도 다니엘은 신실하신 하나님을 신뢰하는 사람답게 자신에게 맡겨진 사명 앞에서도 신실했습니다. 그 결과 다니엘은 자신이 섬기는 사람(왕)들에게도 신뢰받는 믿음의 사람이 되었습니다. 하나님을 믿는다고 하면서도 삶의 자리에서 사람들에게 전혀 신뢰를 줄 수 없다면 그의 믿음은 잘못된 것입니다.

> 이에 총리들과 고관들이 국사에 대하여 다니엘을 고발할 근거를 찾고자 하였으나 아무 근거, 아무 허물도 찾지 못하였으니 이는 그가 충성되어 아무 그릇됨도 없고 아무 허물도 없음이었더라(단 6:4).

다니엘은 왕에게도 충성스러운 사람이었습니다. 본문에 나온 충성이라는 단어는 헬라어로 '피스토스'라는 형용사인데 영어 성경에는 'Faithful(믿음직스러운)'이라는 단어로 번역되었습니다. '충성'이라는 단어가 '믿음'이라는 단어와 거의 같은 의미로 쓰이는 것을 알 수 있습니다. 따라서 하나님을 전적으로 신뢰하는 사람은 사람에게도 신뢰와 인정을 받는 사람임을 알 수 있습니다.

다니엘을 시기하는 총리와 고관들이 다니엘을 넘어뜨리려고 뒷조사를 했습니다. 그러나 아무리 뒤져봐도 다니엘에게서 어떤 작은 허물도 발견할 수 없었습니다. 한마디로 표현해서 다니엘은 '털어도 먼지가 나지 않는 사람'이었습니다.

어느 풋내기 변호사가 사무실을 새로 열었습니다. 막상 문을 열었으나 아무도 찾아오지 않았습니다. 그때, 한 사람이 문을 열고 들어섰습니다. 변호사는 갑자기 전화 수화기를 들고 통화하는 시늉을 합니다.

"죄송합니다만, 맡은 사건이 너무 많아서요. 어렵겠습니다."

수화기를 내려놓으면서 근엄한 목소리로 말합니다.

"손님은 무슨 사건으로 오셨습니까?"

그 사람은 한동안 머뭇거리다가 조용히 말했습니다.

"저, 전화국에서 나왔습니다. 선생님 사무실에서 신청하신 전화선을 연결해드리려고요."

그리스도인들도 이처럼 삶의 현장에서 진실을 가리는 순간, 세상 사람들에게 도리어 창피당하고 손가락질을 당할 수 있습니다.

셋째, 상황에 따라 좌우되지 않는 믿음이었습니다. 그는 총리의 자리에 오르는 형통한 상황에서도 믿음에서 멀어지지 않았습니다. 또한 사자 굴에 들어가는 위기의 상황에서도 자신의 믿음을 지키는 신실한 사람이었습니다.

다니엘은 다리오 왕이 쓴 조서 내용 잘 알고 있었습니다. 이 상황을 피하려고 했다면 그는 얼마든지 피할 수 있었습니다. 그러나 다니엘은 그렇게 하지 않았습니다. 모든 것을 알고도 집에 돌아가서 전에 행하던 대로 예루살렘을 향하여 창문을 열어놓고 무릎을 꿇고 기도합니다. 왜냐하면 그는 사람을 두려워하지 않고 오직 하나님을 의지하는 믿음의 사람이었기 때문입니다.

우리의 두려움의 대상은 오직 하나님뿐이십니다. 하나님을 두려워하는 사람은 세상에 대해 담대해집니다. 주님께서 이렇게 말씀하셨습니다.

> 몸은 죽여도 영혼은 능히 죽이지 못하는 자들을 두려워하지 말고 오직 몸과 영혼을 능히 지옥에 멸하실 수 있는 이를 두려워하라
> (마 10:28).

다리오 왕의 엄청난 신임을 받고 있던 총리 다니엘은 왕의 명령을 어긴 죄로 사자 굴에 던져졌습니다. 이튿날이 되었습니다. 하지만 사자 굴에 던져졌던 다니엘은 몸에 사자 이빨 자국 하나 생기지 않고 살아 있었습니다.

> 왕이 심히 기뻐서 명하여 다니엘을 굴에서 올리라 하매 그들이 다니엘을 굴에서 올린즉 그의 몸이 조금도 상하지 아니하였으니 이는 그가 자기 하나님을 믿음이었더라(단 6:23).

상처 하나 없이 그가 살 수 있었던 이유가 무엇입니까? 다니엘이 하나님만을 온전히 의뢰했기 때문입니다. 다니엘은 자기를 잡아먹기 위해 으르렁거리는 사자 굴에서도 하나님만을 '의뢰'했기 때문에 하나님이 그를 지켜주신 것입니다. 여기에서 우리가 깨닫는 것이 무엇입니까? 하나님을 전적으로 '의뢰'하는 사람을 하나님이 책임져주신다는 것입니다.

징기스칸에게는 그가 황제가 될 것을 믿고 끝까지 생사고락을 같이 한 몇 사람이 있었습니다. 징기스칸은 그들을 타르탄이라고 따로 불렀습니다. 징기스칸은 황제가 되자마자 타르탄들에게는 다음과 같은 특권이 부여되었습니다. '언제든지 누구의 허락없이도 왕의 집에 들어올 수 있다. 전쟁이 끝나고 나면 전리품 중에서 가장 좋은 것을 먼저 골라 가질 수가 있다. 세금이 면제된다. 사형에 해당하는 죄를 지어도 아홉 번까지 용서받을 수 있다. 나라 안에서는 가지고 싶은 땅을 얼마든지 가질 수 있다. 이러한 권리는 앞으로 4대까지 이어질 것이다.'

세상 임금도 그렇게 하는데 하물며 신실하신 하나님이 자신에게 충성된 자에게 복을 주시지 않겠습니까?

> 이 다니엘이 다리오 왕의 시대와 바사 사람 고레스 왕의 시대에 형통하였더라(단 6:28).

이 말씀을 볼 때 훌륭한 신앙인이란 바로 신앙의 지조를 굳게 지키는 사람임을 깨닫습니다. 사람의 눈치를 보고 지조 없이 이랬다저랬다 하는 사람, 어려움에 처하지 않을까 하여 잔머리를 굴려가며 이랬다저랬다 하는 사람, 자기의 이해득실에 따라 마음이 요동하는 사람은 결코 참다운 그리스도인이라고 볼 수 없습니다.

다니엘은 소년 시절 포로로 잡혀 왔을 때나, 나이가 들어 80세가 가까운 나이가 되었을 때나 마음이 민첩하고 성령충만하여 지혜롭게 행한 사람이었습니다. 그의 성령충만의 비결은 지속적인 하나님과의 교제였습니다. 문제 때문에 기도하는 사람이 아니라 문제를 만나기 이전부터 늘 기도하는 사람이었습니다. 우리는 돈만 저축할 것이 아니라 평상시에 믿음도 저축해야 합니다. 경건의 습관과 경건의 지속이야말로 어떤 상황에서도 자신의 믿음을 지키고 승리할 수 있는 비결입니다.

다니엘은 바벨론 제국의 느부갓네살 왕이 나라를 다스릴 때에나, 페르시아 제국의 다리오 왕이 나라를 다스릴 때에나, 시종일관 변함없이 충성한 사람이었습니다. 아무 흠을 찾을 수 없는 정직한 믿음의 사람이었습니다.

그는 총리대신의 자리에 올랐을 때나, 사자 굴에 들어갔을 때에도 세상과 타협하지 않는 불변하는 믿음의 사람이었습니다. 역사가 바뀌어도, 나라가 바뀌어도, 세월이 흘러도 하나님만을 믿고 하나님만을 의지하는 믿음의 사람이었습니다. 비그리스도인인 다리오 왕이 보기에도 다니엘은 감동적인 사람이었습니다.

> 네가 항상 섬기는 너의 하나님이 너를 구원하시리라(단 6:16).

14
불확실성의 시대에 만난 참 평안

여름철만 되면 우리는 으레 한 차례씩 물난리를 겪습니다. 육지에는 폭우가 내려 홍수가 나고, 바다에서는 태풍이 발생해 거센 풍랑이 일고, 배들이 파손되기도 합니다. 그래도 우리나라는 덜한 편입니다. 섬나라인 필리핀 같은 곳에서는 한번 태풍이 불면 거목이 뿌리 채 뽑히고 지붕이 날아가는 것도 모자라, 바다에 정박했던 대형선박이 바람에 날려 도로 한복판에 놓여 있기도 한다고 합니다.

우리도 인생을 살다 보면 자연의 풍랑만이 아니라 인생의 거센 풍랑을 만날 때가 있습니다. 세상이라는 바다 위에서 저마다의 인생 항해를 하다가 예기치 않은 사건을 만나 당혹해하고 괴로워할 때가 있습니다. 그래서 덧없이 흘러가는 인생을 나그네에 비유하고, 험난한 인생을 '만경창파(萬頃蒼波)의 일엽편주(一葉片舟)'에 비유하기도 합니다.

그런데 왜 우리 인생의 여정에 풍랑이 있을까요? 물론 그 이유를 다 헤아릴 수는 없습니다. 성경에 나타난 세 가지 풍랑 사건을 통해 그 이유를 잠시 생각해보면 이렇습니다.

첫 번째는 구약에 나오는 선지자 요나가 탄 배가 만난 풍랑입니다. 이 풍랑은 내 자신의 잘못과 죄로 인하여 만나는 풍랑입니다. 요나는 하나님의 말씀을 거역하고 하나님이 지시하는 곳과 정반대의 곳으로 가다가 풍랑을 만납니다.

오늘도 하나님의 뜻과 상반되는 죄악의 길로 가는 인생에게 거센 풍랑이 일어납니다. 사실 그런 사람에게 풍랑이 일고 있다는 자체가 하나님의 은총이요 사랑입니다. 그대로 내버려두면 소망의 항구가 아닌 멸망의 항구로 치닫게 됩니다. 자식이 잘못된 길로 갈 때 부모가 매를 드는 것은 미움이 아니라 사랑의 이면입니다. 따라서 요나에게 부는 풍랑은 심판의 풍랑이라기보다 회개, 즉 인생의 바른 길로 방향전환을 촉구하시는 하나님의 사랑의 풍랑입니다.

두 번째 풍랑은 마가복음 4장에 나오는 것으로 예수님과 제자들이 함께 배를 타고 가다가 갈릴리 호수에서 만난 풍랑입니다. 이 풍랑은 인간의 잘못과는 아무 상관이 없는 풍랑입니다. 인간이라면 누구나 당할 수밖에 없는 숙명적인 풍랑과 같은 것입니다. 우리도 인생을 살다 보면 원인 모를 역경과 시련에 부딪힐 때가 있습니다.

예수님의 제자들은 대부분 갈릴리 바다에서 잔뼈가 굵은 사람들입니다. 바다생활의 전문가들입니다. 그러나 그들도 점점 거칠어져 가는 거센 풍랑을 보고는 심히 두려워했습니다. 따라서 예수님과 함께 타고 가는 배에 불어온 이 풍랑의 의미는 자신의 지식과 경험과 물질을 의지하기보다 주님을 더욱 신뢰하게 하시는 '믿음의 시련'이었습니다.

> …너희가 어찌 믿음이 없느냐(막4:40)

이처럼 우리의 잘못과 상관없이 믿음의 인생들에게 불어오는 풍랑은 세상보다 하나님을 더욱 의지하게 하시기 위한 믿음의 풍랑임을 알아야 합니다.

세 번째 풍랑은 복음을 전하다 붙잡힌 사도 바울이 죄수의 몸으로 승객 276명과 함께 배를 타고 로마로 호송되어 가던 중에 만난 풍랑입니다. 바울은 비록 죄수의 몸이기는 했지만, 여행 경험이 많았기에 늦가을에 불어오는 역풍을 무릅 쓰고 계속 항해하는 것은 매우 위험하다는 사실을 호송 책임자인 백부장에게 말합니다.

> 여러분이여 내가 보니 이번 항해가 하물과 배만 아니라 우리 생명에도 타격과 많은 손해를 끼치리라(행 27:10).

그러나 선장과 선주는 항해를 늦출 경우 입게 될 경제적 손실에 대한 염려와 더불어, 지금 와 있는 미항이라는 항구가 "겨울을 지내기에 불편하므로"(12절), 즉 먹고 마시고 놀 데가 없다는 이유를 들어 항해를 강행하자고 주장합니다.

백부장은 어리석게도 하나님의 사람인 바울의 말보다 선장과 선주의 말을 더 신뢰해 출발합니다. 저들이 당한 풍랑의 원인은 사실 여기서부터 시작되고 있습니다. 그리고 마침내 그들은 바울의 예견대로 도중에 유라굴로라는 엄청난 광풍을 만나 많은 재산 손실과 생명의 위협마저 받게 됩니다. 그 상황을 잘 나타내주는 말씀이 18절에서 20절 사이에 있습니다.

> 우리가 풍랑으로 심히 애쓰다가…여러 날 동안 해도 별도 보이지 아니하고…구원의 여망마저 없어졌더라(행 27:18-20).

이들이 당한 풍랑의 원인은 세 가지입니다. 첫째, 선장과 선주들의 입장에서는 정욕의 욕심으로 인한 풍랑입니다. 둘째, 백부장의 입장에서는 들어야 할 진리의 말씀을 외면했기에 찾아온 풍랑입니다. 셋째, 사도 바울의 입장에서는 인생의 풍랑을 만나 구원의 여망을 잃은 자들에게 고난을 계기로, 복음과 하나님의 살아 계심을 증거하하도록 하기 위한 고난입니다.

세상의 모든 사람들도 세 가지 유형으로 구분해 볼 수 있습니다.

첫째, 환경지향적 인간입니다. 이것을 아더-오리엔테이션(Other-orientation)이라고 말합니다. 외적조건에 의해서 지배되고, 주도되고, 종속되어 가는 사람들을 지칭합니다. 바로 죄수들의 호송책임을 맡은 백부장 같은 사람입니다.

둘째, 자기 지식과 자기 경험지향적 인간입니다. 다시 말해서 셀프-오리엔테이션(Self-orientation)입니다. 자기가 기준이 되고 자기가 중심이 되고 자기의 관점으로 세상을 보고 판단하고 자기가 주도한다고 생각하며 살아가는 사람이 있습니다. 바로 선장과 선원 같은 사람입니다.

셋째, 신앙지향적 인간입니다. 하나님께 믿음을 두고 사는 페이쓰-오리엔테이션(Faith-orientation)입니다. 모든 것을 신앙적 관점에서 이해하고 그 안에서 생각하며 살아가는 사람입니다. 바로 본문에 등장하는 사도 바울 같은 사람을 말합니다.

사도 바울은 풍랑 가운데 두려워 떨고 있는 276명의 비그리스도인 승객들에게 어떻게 바이블이 되었을까요? 사도 바울은 구원의 여망이 없는 상황 가운데서 승객들에게 외칩니다. "이제는 안심하라! 여러분이여 안심하라"고 외치면서 위로의 복음, 평안의 복음을 선포합니다.

"안심하라"의 헬라 원어는 '유뒤메인(εὐθυμεῖν)'입니다. 이는 '아주 좋은 기분을 가지라, 기쁜 마음을 가지라, 마음을 놓으라'는 뜻입니다. 목숨하나 지키기도 숨 가쁜 시간에 죄수의 몸으로 끌려가면서도 두려워 떠는 영혼들에게 안심하라고 외칠 수 있는 이 평안의 능력이야말로 비그리스도인의 바이블이 되기에 충분했습니다. 흔들리는 풍랑 속에서조차 담대히 주의 복음을 전할 수 있는 이 평안의 능력은 어디에서 오는 것일까요?

첫째, 바울은 풍랑 가운데서도 주님의 음성에 귀를 기울이고 있었기 때문에 대담하고 확고하며 초연함을 유지할 수 있었습니다.

> 내가 속한 바 곧 내가 섬기는 하나님의 사자가 어제 밤에 내 곁에 서서 말하되 (행27:23).

바울은 긴박한 순간에도 하나님과의 개인적인 교신을 멈추지 않았습니다. 사실 전쟁터에서 아무리 위급한 상황에 있더라도 본부와의 교신이 계속되고 있다면 소망이 있는 것입니다. 인생의 위기 중에 더 큰 위기는 어려운 일을 만날 때 그 일을 수습하기에 바빠서 하나님의 음성을 외면하는 것입니다. 말씀에 귀 기울이지 않는 것입니다. 그것은 해결의 지름길이 아니라 오히려 불안과 두려움을 가중시키는 일입니다.

전쟁터에서 코를 골고 자는 병사가 있어서 종군기자가 물었답니다. "당신은 어떻게 이 무서운 밤에도 코를 골며 잘 수가 있소?" "저는 늘 이런 말씀을 묵상하고 있기 때문입니다. 이스라엘을 지키시는 이는 졸지도 아니하시고 주무시지도 아니하시리로다." 이 사람은 전쟁터에서 하나님을 보초 세워 놓고 평안히 잠들고 있는 것입니다. 하나님의 말씀이 마음의 불안과 두려움을 없애주었기 때문입니다.

바다를 항해하는 사람이 배의 안전을 위해 항상 준비해야 할 필수품은 무엇일까요? 일기예보와 뉴스를 들어야 하는 라디오, 위치 파악을 위한 지도, 위기 시에 구조를 요청하는 무전기, 방향을 알리는 나침반, 음식과 식수 등입니다. 그렇다면 우리가 세상이라는 바다를 항해할 때 꼭 필요한 영적인 필수품은 무엇일까요? 천국방송을 들을 수 있는 라디오인 성경과 어려울 때 SOS를 칠 수 있는 기도의 무전기, 언제나 정북을 가리키는 나침반과 같은 선한 양심, 항상 새 힘을 얻을 수 있는 신령한 만나와 생수 같은 성령의 은혜가 있어야 합니다.

우리나라의 어느 탄광에서 갱이 무너졌습니다. 그래서 그 안에 광부들이 갇히게 되었습니다. 그런데 공교롭게도 두 패로 나뉘어 이쪽에도 갇혔고 저쪽에도 갇혔습니다. 그 사이는 막혔습니다. 그들을 구원하는 데는 여러 날이 걸려야 했습니다. 구조대가 그들이 있는 곳까지 파고 들어갔을 때 희한한 상황을 목도하게 됩니다. 한쪽에 모여 있는 사람들은 다 살았고 다른 한쪽에 있는 사람들은 다 죽어 있었기 때문입니다. 그 이유를 살펴보니 무너진 한쪽에는 전화선이 있었고 다른 한쪽에는 전화선이 없었다는 것입니다. 즉 살아난 광부들이 있는 곳은 전화선으로 계속 교신하고 있었던 것입니다. "지금 파 들어가고 있으니 걱정하지 마라. 조금만 참아라…."

이런 생명의 메시지가 전달되고 있었기에 저들은 소망 중에 절망하지 않고 끝까지 견딜 수 있었던 것입니다. 하지만 다른 한쪽은 아무 메시지를 들을 수 없었기에 버틸 희망이 사라져 끝내 절망 중에 죽어갔던 것입니다.

고난의 풍랑이 일 때 더욱 하나님께 매달리며 말씀의 자리에 자신을 갖다 놓아야 합니다. 하나님이 내게 말씀하시고 있는 한, 내 삶을 향한 뚜렷한 하나님의 지시가 말씀을 통해 들려오고 있는 한 풍랑을 두려워할 필요는 없습니다. 그래서 시편기자는 고백합니다.

> 주의 법을 사랑하는 자에게는 큰 평안이 있으니 그들에게 장애물이 없으리이다(시 119:165).

둘째, 바울이 풍랑의 한복판에서 "이제는 안심하라"고 외치는 담대함과 평안함의 비결은 '하나님의 음성을 통하여 다시금 자신의 사명을 자각하는 것'입니다. 아무리 자신의 삶이 곤고해도 자신에게 주어진 본연의 사명을 깊이 자각하면 삶의 용기가 주어집니다. 삶을 포기하고 싶은 곤고함이 엄습해 와도 올망졸망한 자녀들을 생각할 때 부모가 다시금 마음을 강하게 먹는 것과 마찬가지입니다. 가끔 목사이지만 육체적인 곤고함으로 하나님의 말씀을 준비하기가 힘든 때도 있습니다. 언젠가 한번은 토요일인데 열이 40도 가까이 오르면서 영 열이 내려가지를 않는 것입니다. 밤 12시가 지나고 주일 새벽을 바라보는데도 고통은 계속되었습니다. 인간적인 마음으로는 주일 설교를 한번쯤 쉬고 싶었습니다. 그러나 이를 악물고 밤을 새워가며 하나님의 말씀을 준비할 수 있었던 이유는 단 한 가지 때문입니다. 바로 하나님의 말씀을 기다리고 있는 성도들 생각 때문이었습니다. 내게 주신 은혜의 사명을 고통 속에서도 깊이 자각할 때 육신의 열기를 이길 수 있는 것입니다.

심리학자 롤로 메이는 『자아를 잃어버린 현대인』이라는 책에서 현대인의 가장 무서운 병은 '불안과 공허'라고 전제합니다. 왜 불안하고 두려워하며 살게 되었느냐? 에 대해서 그는 몇 가지를 지적합니다. 첫째, 가치관 상실입니다. 무엇이 중요한가, 가치의 근본을 잃어버렸습니다. 둘째, 자아 의식의 상실입니다. 즉 자존감의 상실입니다. 셋째는 사명 의식의 상실을 지적합니다. 분명한 삶의 목적 의식 없이 살기에 현대인은 공허하고 불안한 삶을 산다는 것입니다. 이에 비해 사도 바울의 모습은 풍랑이 이는 환경 속에서조차 평안합니다.

> 바울아 두려워하지 말라 네가 가이사 앞에 서야 하겠고 또 하나님께서 너와 함께 항해하는 자를 다 네게 주셨다 하였으니 (행 27:24).

사도 바울은 하나님의 음성을 통하여 분명히 자신이 (미래적으로) 로마 황제 가이사 앞에 가서 재판을 받을 뿐 아니라, 로마제국을 그리스도의 복음으로 변화시키는 위대한 선교적 사명이 주어져 있음을 자각하게 됩니다. 그리고 (현재적으로) 바울은 함께 배를 탄 276명의 귀한 생명을 책임지고 있음을 깨닫게 됩니다. 난파선에서 죽음 앞에 서 있는 이 사람들을 돌볼 책임이 주어졌다는 사실을 깨닫는 순간, 바울에게 자신의 목숨을 걱정하는 것은 차라리 사치였습니다. 그 사명을 깨달은 죄수 바울이 풍랑의 한복판에서 어쩔 줄 몰라 하는 사람들에게 지도자로서 방향을 제시하는 모습을 주목해야 합니다.

'가라앉지 않는 배', '바다 위의 도시'를 자랑했던 타이타닉 호는 1912년 4월 14일 영국을 떠난 지 4일 17시간 30분 만에 빙산에 부딪혀 1,500명의 울부짖음을 뒤로 한 채 깊은 바다 속으로 침몰하였습니다. 이 영화를 보고 많은 사람들이 눈물을 흘렸습니다. 사랑하는 여인을 구하기 위해 목숨을 내놓은 주인공 제프라. 끝까지 침몰하는 배의 키를 놓지 않았던 스미스 함장. 보트 위의 사람들을 살리기 위해 노력하는 선원들. 그러나 가장 많은 감동을 받았던 장면은 마지막 순간까지 악기를 들고 음악을 연주하던 악사들의 모습입니다. 이 악단의 단장은 '웰레스 하틀리'라는 실제 인물입니다. 그는 복음을 전하기 위해 자원해서 타이타닉 호에 승선했다고 합니다.

그는 사람들이 죽음 앞에서 두려워 떨고 있는 마지막 순간까지 침착하게 단원들을 격려하면서 찬송가 338장 '내 주를 가까이 하게 함은'을 연주했습니다. 그리고 계속 소리쳤다고 합니다.

"예수 그리스도 그분을 의지하십시오! 예수님이 소망이십니다! 예수님을 믿으십시오!"

사람들은 침몰하는 배 위에서 위로와 소망을 갖게 되었다고 합니다.

인생을 항해에 비유하곤 합니다. 지금 이 순간도 수많은 사람들이 죄악의 바다 속으로 침몰해 가고 있습니다. 주님을 모르는 인생의 끝은 영원한 죽음뿐입니다. 과연 우리도 그 같은 배 안에 있었다면 죽음의 문턱 앞에서도 그들처럼 초연하게 찬양을 연주할 수 있었을까요? 아프리카 정글로 떠나면서 리빙스턴은 자기의 안부를 걱정하는 사람들에게 이렇게 말했다고 합니다.

"나는 존재 이유를 다할 때까지, 나의 사명이 다할 때까지 결코 죽지 않는다."

오늘도 어떤 풍랑이 내 삶의 주변을 맴돌더라도 고통받는 영혼과 이웃들을 위하여 땀 흘리며 이렇게 외칠 수 있기를 바랍니다.

"이제는 안심하십시오. 내가 믿는 예수를 믿고 삶을 위탁하십시오. 그분이 영육의 구원을 이루어주실 것입니다."

셋째, 바울은 인생의 풍랑 속에서 담대함과 평안함의 비결을 25

절에서 가르쳐줍니다.

> 그러므로 여러분이여 안심하라 나는 내게 말씀하신 그대로 되리라고 하나님을 믿노라(행 27:25).

바울은 풍랑 속에서도 하나님의 약속을 철저히 신뢰하며 붙들었기 때문에 담대하고 평안할 수가 있었습니다.

무디는 19세기에 복음으로 영국과 미국을 흔들어 놓았던 탁월한 복음전도자였습니다. 하루는 그가 런던에서 전도 집회를 마치고 미국으로 돌아가는 배를 타고 대서양을 건너게 되었는데, 갑자기 배가 암초에 부딪쳐 물이 들어오기 시작했습니다. 배 안에서는 700명의 선원과 승객들이 절규하며 아수라장이 되었습니다. 그때 무디는 배의 한쪽 구석에서 조용하게 성경을 읽고 있었습니다. 그러다가 떠드는 소리를 듣고, 아들에게 물었습니다.

"왜 이렇게 배 안이 소란하니?"

그때 아들은 "아버지, 배가 암초에 부딪쳐 배 안에 물이 들어오고 있어요"라고 말했습니다.

그때 무디는 배 위로 올라가서 사람들을 진정시킨 후, 시편 91편 9-11절을 읽어주었습니다.

네가 말하기를 여호와는 나의 피난처시라 하고 지존자를 너의 거처로 삼았으므로 화가 네게 미치지 못하며 재앙이 네 장막에 가까이 오지 못하리니 그가 너를 위하여 그의 천사들을 명령하사 네 모든 길에서 너를 지키게 하심이라 (시 91:9-11).

그리고 배에 있는 모든 사람이 합심해서 기도했습니다. 기도가 끝난 후 무디는 "우리의 생명은 하나님의 손안에 있으니 하나님께 맡기고 잡시다"라고 말했습니다. 그러나 잠을 잔 사람은 무디 한 사람뿐이었습니다. 그런데 잠시 후에 '레이크 퓨런'이란 구조선이 나타나서 승객 전원을 구조해 한 사람도 생명을 잃지 않았다고 합니다.

모두가 풍랑으로 인해 구원의 여망이 끊어진 상황에서 죄수의 몸으로 끌려가는 바울이 "여러분이여 이제는 안심하라"고 외치며 두려워하는 비그리스도인들에게 평안의 능력을 보여주는 모습은 그야말로 감동입니다. 분명 276명의 비그리스도인 승객들에게 살아 있는 감동의 바이블이 되었을 것입니다. 결국 하나님은 약속하신 대로 배에 탔던 276명을 모두 구원해 주셨습니다.

그 남은 사람들은 널조각 혹은 배 물건에 의지하여 나가게 하니 마침내 사람들이 다 상륙하여 구조되니라 (행 27:44).

여기에서 눈여겨보아야 할 단어는 '마침내'라는 단어입니다. 비록 선장과 선주와 백부장의 잘못된 판단으로 인해 유라굴로 광풍을 만나 큰 어려움을 겪었지만, 하나님은 마침내 그들을 구원해주셨습니다. 하나님은 '마침내'의 하나님이십니다. 우리는 '아직도'라고 외칠지 모르지만, 하나님은 '마침내' 역사하시는 분입니다.

지금 거센 풍랑이 몰려왔다고 고민하지 마십시오. 폭풍 속에서도 마침내 우리에게 은혜를 베푸시는 하나님을 의지하십시오. 예수 믿는 사람들이 인생의 풍랑을 만나서 세상 사람보다 더 호들갑을 떤다고 생각해보세요. 비그리스도인들이 얼마나 비웃겠습니까?

오늘날은 돈과 권력과 명예와 인기 등 세상의 많은 것을 갖고도 불안에 떠는 사람들이 많습니다. 벤츠를 타고도 불안한 사람이 있고, 경차를 타도 평안한 사람이 있습니다. 사실 두려움과 불안에 떠는 사람은 어느 곳에 있어도 항상 불안합니다.

어떤 사람은 비행기를 타고 12시간 이상을 비행하는 동안 한 잠도 못잡니다. 눈을 동그랗게 뜨고 꼬박 긴 시간을 버팁니다. 물 한 모금 마시지 않고 식사는 그대로 밀어 놓습니다. 그러고는 벌벌 떨고 앉아 있는 것입니다. 반면 코를 골며 자는 사람이 있습니다. 대단한 믿음입니다. 사실 비행기만큼 신나는 것도 드물지 않습니까? 저는 탈 때마다 즐거운 마음으로 탑니다. 옛날에 태어났으면 어디 하늘을 난다는 것을 상상이나 했겠습니까? 시간마다 음식 주고, 영화도 보고, 음악도 듣고 조용히 책도 봅니다. 가끔은 걱정도 하지만 하늘나라를 직행한다고 생각하세요. 비행기 타고 많이 올라왔으니까 이제 조금만 더 올라가면 된다고 생각하세요. 하나도 걱정할 것 없습니다. 이렇게 좋은 걸 모르고 잠을 이루지 못한다니 참으로 불행한 일입니다.

베클레브 헤이블(Vaclav Havel)은 "현대인들은 모든 것이 가능하지만 아무것도 확실하지 않은 세상 속에서 살아가고 있다"(everything is possible, and nothing is certain)라고 말했습니다.

우리는 과학기술이 발달해서 모든 것이 가능한 세상 속에서 살고 있습니다. 하지만 아무것도 확실치 않은 혼돈의 세계 속에서 살아가고 있습니다. 우리가 탄 배에 어떤 일이 생길지 아무도 알지 못합니다. 어쩌면 세상 사람들은 죽음의 공포에 대한 강박관념에서 벗어나기 위해 더욱 더 세상에 있는 요소에 집착하고 있는지도 모릅니다. 그러나 배가 풍랑을 만날 때 할 수 있는 것은 그 배 안에 실은 물건들을 바다에 내 던지는 것뿐입니다. 물질이 인생의 위기에서 평안을 주지 못합니다. 언젠가는 우리의 곁을 떠나는 것들입니다. 또 백부장 같은 권력의 힘도 풍랑 앞에서는 속수무책입니다. 선장과 선주와 선원들의 항해지식과 경험도 유라굴로의 풍랑 앞에서는 아무 쓸모가 없었습니다.

거센 풍랑 한가운데 있는 배 안에서 이제는 안심하라고 외치는 바울의 담대함과 평안함과 그 영적 권세는 어디에서 온 것입니까? 인생의 풍랑 속에서도 주님의 음성에 귀 기울이십시오. 그 음성을 통해 사명을 재확인하십시오. 약속의 말씀이 이루어질 줄 믿으십시오. 그럴 때 하나님은 풍랑 가운데서도 우리에게 두려움 대신 평안을 주시고, 우리로 하여금 비그리스도인에게 살아 있는 믿음을 증거하는 바이블로 살아가게 하실 것입니다. 거센 풍랑 앞에서 생을 포기하거나 남을 원망하기보다는 Surfing Board(서핑보드)에 몸을 싣고 파도타기를 즐기는 사람들처럼, 풍랑을 믿음으로 사용하십시오. 하나님은 우리를 마침내 바라는 항구로 인도하실 것입니다.

> 이에 그들이 그들의 고통 때문에 여호와께 부르짖으매 그가 그들의 고통에서 그들을 인도하여 내시고 광풍을 고요하게 하사 물결도 잔잔하게 하시는도다 그들이 평온함으로 말미암아 기뻐하는 중에 여호와께서 그들을 바라는 항구로 인도하시는도다
>
> (시 107:28-30).

닫는 글

예배를 축제로 경험하다

예배의 핵심은 '백성들의 모임과 그 가운데 자신을 계시하시는 하나님의 임재'입니다. 하나님은 아예 공동체의 예배를 '숙소 삼겠다'고 공언하셨습니다.

> 이스라엘의 찬송 중에 계시는 주여 주는 거룩하시니이다(시 22:3).

그래서 하나님은 제사 제도와 성막과 성전과 회당에서부터 기독교의 전통과 성경을 근거로 만들어진 여러 교단의 공(公) 예배 모범에 이르기까지 다양한 방법을 통해 공동체 예배를 지속시키셨습니다. 이것은 지금 우리가 참여하는 공동체(교회)의 예배가 하나님이 임재하시기 가장 적합한 환경이라는 사실을 보여주는 것입니다. 하나님이 먼저 공동체의 모든 예배를 통해 우리를 만나시겠다고 약속하셨기 때문입니다.

우리는 고리타분하게 느껴지는 전통적인 예배에서도, 경박하고 경건하지 않은 것처럼 보이는 찬양과 경배의 예배에서도 하나님과의 만남과 은혜를 경험할 수 있습니다. 아무리 형편없는 예배의 자리에도 그분이 찾아와 만나주시기 때문입니다. 이 약속은 예배의 장소나 형식, 음악의 장르와는 아무 상관이 없습니다. 예수님이 말씀하신 대로 하나님 '아버지'와의 관계 안에서 '영'이신 그분에게 '진리'를 좇아 영광돌리면 되는 것입니다(요 4:23-24). 그렇다면 어떻게 해야 하나님이 약속하신 대로 모든 예배를 축제로 경험하며 살 수 있을까요?

저는 그것이 삶의 예배를 통해 가능하다고 믿습니다. 월요일부터 토요일까지 6일 동안 드린 삶의 예배를 주일 공동체 예배 가운데 담아내고, 하나님이 주시는 은혜와 기쁨을 다시 삶의 현장으로 가져간다면 주일을 포함한 일주일 전체가 예배의 날로 변화될 것입니다. 그러면 인생 전체가 예배가 되고 축제가 될 것입니다.

이것을 깨달을 때 공동체의 이름으로 모였으나 나 혼자만 은혜 받고 돌아가는 예배는 사라질 것입니다. 찬양하고 말씀을 받을 때 누렸던 감동과 감격이 교회 문을 나서는 순간 사라지는 비극(!)이 멈출 것입니다. 예배의 내용이 자신의 삶과 동떨어진 것처럼 느꼈던 괴리감과 허무함도 사라질 것입니다. 우리의 삶의 자리를 통해 예배의 은혜와 감격이 세상 가운데로 흘러가는 통로가 될 것입니다. 자신이 서 있는 삶의 자리와 사회적 환경 속에서 온전한 예배자가 될 때 비로소 참된 예배가 완성된다는 사실도 알게 될 것입니다.

모든 예배를 축제로 경험하기 원하십니까? 삶의 모든 현장이 예배의 처소가 되어야 함을 기억하고 힘써 노력해야 합니다. 그렇게 할 때 우리는 늘 하나님 안에 있음을 고백하는 은혜를 경험하게 될 것이고, 우리의 생각과 말과 행위가 온전히 하나님께 드릴 만한 예배가 될 것입니다.

예배와 삶이 분리된 우리 모습

삶의 예배는 본질적인 예배를 삶의 현장과 통합하자는 패러다임입니다. 한국 교회의 예배 운동에서 주로 사용하던 대표적인 슬로건이 '하나님이 찾으시는 예배자' 혹은 '예배가 삶이 되고 삶이 예배가 되자'는 것입니다. 유행어처럼 자주 사용되는 이 표현들은 예배와 삶을 통합해서 이해해야 한다는 확고한 의지를 담은 것입니다. 덕분에 기존의 형식적인 예배에 익숙해져 있던 이들은 '외적인 요소보다 예배자의 태도가 더 중요하다'는 사실을 인식하게 되었습니다. 참된 예배자는 교회 건물에서 종교 의식에 참여하는 사람이 아니라 예배가 삶이 되고 삶이 예배가 되도록 애쓰고 힘쓰는 사람임을 깨닫게 된 것입니다.

참된 예배자는 결국 자신의 삶의 자리에서 예배의 본질적인 의미와 마주하게 됩니다. 예배와 삶을 분리해서는 결코 이해할 수 없는 것들입니다. 그러므로 예배가 무엇인지 아는 것도 중요하지만, 지금 우리가 삶의 현장에서 어떻게 예배자로 살아내고 있는지 자기를 돌아보는 것은 매우 유익합니다.

다음은 예배의 감동을 잃어버리고 예배를 삶으로 살아내지 못하는 자들의 삶의 특징입니다.

첫째, 교회에 직분을 가지고 매주 주일 예배에 참석하고 있지만 일상생활에서는 물질이나 명예나 인기 등의 자기만족에 더 많은 시간과 투자를 아끼지 않습니다.

둘째, 찬양모임에서 뜨겁게 하나님을 찬양하지만 하나님을 예배하는 건지 그런 분위기를 예배하는 건지 알 수 없습니다.

셋째, 습관적 종교행위로 예배의 자리에 있지만 그저 몸짓에 불과할 뿐 마음은 하나님께로부터 멀리 떠나있습니다.

넷째, 월요일에서 토요일까지는 신앙과 무관한 자기만족의 삶을 살다가 주일에만 종교적 의무때문에 예배에 참석합니다. 그러나 하나님을 향한 기대감은 전혀 없습니다.

성경에도 하나님을 금송아지의 형상으로 전락시키거나 자기 방식대로 예배하던 사람, 그래서 예배하던 중에 죽음을 맞은 사람들이 있었습니다. 잘못된 제물이나 그릇된 태도로 예배하던 이스라엘 백성을 향한 선지자들의 엄중한 경고에 우리 역시도 귀를 기울여야 합니다.

> 헛된 제물을 다시 가져오지 말라 분향은 내가 가증이 여기는 바요 월삭과 안식일과 대회로 모이는 것도 그러하니 성회와 아울러 악

을 행하는 것을 내가 견디지 못하겠노라 내 마음이 너희의 월삭과 정한 절기를 싫어하나니 그것이 내게 무거운 짐이라 내가 지기에 곤비하였느니라 너희가 손을 펼 때에 내가 내 눈을 너희에게서 가리고 너희가 많이 기도할지라도 내가 듣지 아니하리니 이는 너희의 손에 피가 가득함이라(사 1:13-15).

하나님은 손에 피가 가득한 악행으로 살아가는 '삶과 분리된' 예배와 기도와 찬양을 기쁘게 받으실 수 없다고 말씀하십니다. 그것은 하나님을 만홀히 여기는 짓이기 때문입니다.

예배와 삶이 분리되는 이유

왜 우리의 예배와 삶이 분리되었을까요? 우리가 예배에 대한 잘못된 개념을 갖고 있기 때문입니다.

한국 교회는 의도한 것이든 아니든 간에 예배를 '정해진 형식을 따라 주일마다 드리는 종교 예식'이라고 가르쳐왔습니다. 만약 예배를 '예식이 일상으로 이어지는 삶'이라고 가르쳤다면 우리의 신앙과 삶은 지금과는 완전히 달라졌을 것입니다.

한국 교회 예배 운동의 1세대인 김진호 목사는 "예배는 삶의 핵이며 삶은 예배의 연장이다"라고 말했습니다. 그는 "신앙의 진리를 왜곡하는 종교적 분위기로부터 기독교를 구출해야 하며 이러한 면에서 기독교는 철저하게 비 종교화됨으로써 그 기반을 현실성 위에 세워야 한다"는 본 회퍼의 견해에 기초해 기독교는 종교가 아니라 관계라고 설명합니다. 즉 예배를 관계의 관점에서, 하나님과 이웃과 관계를 맺어가는 삶의 연장으로 이해한 것입니다.(『예배와 삶』, 한국다리놓는사람들)

종교가 행위에 기초한다면 기독교는 관계에 기초합니다. 그래서 믿음과 소망과 사랑의 바른 태도로 예배하듯이 사는 사람이 바로 그리스도의 제자이며 예배자입니다. 한국 교회는 예배를 하나님과의 수직적인 관계에 국한해서 이해하려는 경향이 강합니다. 그러나 예배가 하나님과의 수직 관계를 이웃과의 수평 관계로 표출하는 것이기에 예배와 삶의 관계는 매우 중요할 수밖에 없습니다.

또 다른 이유는 10장에서 자세히 살펴보았듯이 이원론적인 신앙구조 때문입니다. 온 우주와 하늘과 땅을 거니시는 광대하신 하나님을 우리는 특정 공간 안에만 계신 하나님으로 제한하고 있다는 사실입니다. 그래서 우리는 교회 안에서는 거룩하게 예배를 드리지만, 세상에 나가서는 예배와는 상관없는 삶을 살고 있다는 것입니다. 그러나 하나님은 모든 그리스도인들을 살피시며, 우리의 예배와 삶이 일치되기를 원하신다는 사실을 분명히 기억해야 할 것입니다.

예배와 삶이 일치된 분, 예수 그리스도

인류 역사상 예배를 삶으로 살아내는 데 성공한 최고의 모델은 단연 예수 그리스도이십니다. 이 땅에서 그분의 예배의 삶은 하나님의 영광을 드러내는 것이었고, 세상에 속한 하나님의 영광을 아버지께로 가져오는 것이었습니다. 또한 성전의 종교적 상업주의를 몰아내고 "내 집은 만민이 기도하는 집"이라는 이사야의 말을 인용하시며 사람이 정해 놓은 한계를 넘어 성전이 만민의 예배 처소임을 선언하기도 하셨습니다.

예수님은 하나님의 영광을 위해 사셨습니다. 모든 민족이 하나님을 예배하는 일을 가능하게 하기 위해 친히 자신이 제물이 되어 십자가를 지신 사건은 그분 일생 최고의 예배라고 할 수 있습니다. 예수님은 모든 세계와 피조물의 예배 회복을 위해 그 자체로 완전하신 분이셨습니다.

결과적으로 예수님의 삶의 예배는 인간을 사랑으로 섬기는 것이었습니다. 주님은 "인자가 온 것은 섬김을 받으려 함이 아니라 도리어 섬기려 하고 자기 목숨을 많은 사람의 대속물로 주려 함이니라"(마 20:28)고 말씀하심으로, 이 땅에서 사명이 예배자였으며 삶의 예배자로서의 모델이었음을 확증하셨습니다. 이 말씀에서 '섬기다'라는 뜻을 가진 구약의 '아바드(עבד)'와 헬라어의 '라트레이아(λατρεία)'는 제사장적인 섬김을 말할 때 사용하는 단어입니다. 예수님이 스스로를 인류 최고의 대제사장이자 하나님과 인간 사이에 다리를 놓는 섬김의 예배자로 여기셨음을 알 수 있습니다. 그분이 제물이 되어 '영원히 단번에' 자신을 드리셨던 것처럼 우리도 '하나님께 드릴 향기로운 제물'로 삶의 예배를 드려야 합니다. 예배할 수 없는 죄인들을 예배하게 하시려고 자신을 내어주신 예수님의 삶의 예배 그 자체가 놀라운 능력을 가지고 있습니다.

예배사역단체인 한국 다리놓는사람들 대표인 박정관 목사는 "하나님의 인격을 섬기는 '예배'는 모든 '섬김'의 시작이고 모든 섬김은 예배의 연장이어야 한다"고 말합니다.(『하나님이 찾으시는 참된 예배자』, 생명의 말씀사) 그의 말처럼 우리의 삶의 예배 중심에는 섬김이 있어야 하고 그 일을 위해 구별된 사람들이 바로 예배자임을 기억해야 합니다.

예배를 축제로 경험하기 위한 조언들

첫째, 삶의 예배의 올바른 개념을 파악하는 것입니다.

김진호 목사는 예배의 범주를 개인 예배와 교회 공동체 예배, 그리고 생활 예배로 나누어 말합니다.(『숨겨진 보물 예배』, 예수전도단) 한국 교회가 갖고 있는 영성 전통 중에는 하나님과 개인의 깊고 친밀한 관계를 추구하는 귀한 것들이 많습니다. 이른바 '경건의 시간'이라고 하는 개인 묵상을 강조하는 것이나 찬양과 경배를 통해 영감 있는 노래로 하나님의 임재를 경험하는 것이 여기 해당됩니다. 더불어 이제 우리는 삶의 예배로 한 걸음 더 나아가야 하는 영적, 시대적 요청 앞에 서 있습니다. 저는 그것이 바로 생활 예배라고 생각합니다.

김 목사는 "세상 안에서 개인과 교회 공동체가 산제사(living sacrifice)로 하나님께 드려지는 것"을 생활 예배로 설명합니다. 즉, 삶 자체가 예배가 되는 것입니다. 구원의 목적은 예배이며, 구원받은 자의 삶의 모습은 다양한 삶의 현장에서 하나님께 영적 예배를 드리는 것입니다. 결국 삶의 예배란 사람들과의 관계 가운데 나타나는 우리의 모습을 하나님께 제물로 올려드리는 것입니다. 또한 그 기초는 하나님을 경외하는 마음입니다. 하나님을 두려워하며 그분처럼 죄를 미워하는 마음이 자신의 생활과 이웃과의 관계 안에 담겨질 때, 그 사람의 모든 것이 하나님이 받으실 만한 살아 있는 예배가 될 것입니다.

둘째는 하나님 임재 중심의 구심력 예배와 원심력 예배의 균형을 이루는 것입니다. 일반적으로 찬양과 경배를 통해 예배자가 추구하는 것은 하나님의 임재 안으로 들어가는 것입니다. 이스라엘 백성이 예배하기 위해 산으로 올라가는 중에 드린 찬양으로 알려져 있는 시편 100편에서 '감사'는 하나님의 임재 안으로 들어가는 문이며 찬양은 하나님의 임재 안으로 들어가는 다리가 됩니다. 그리고 예배자는 하나님이 어떤 분이신지 발견하고 그 앞에 엎드려 경배하며 예배를 마무리합니다. 이와 같이 하나님의 임재 안으로 들어가는 예배를 '구심력 예배'라고 합니다.

구심력 예배를 통해 예배자가 누리는 감격과 기쁨은 하나님을 향한 만족감이자 그분의 임재 안에서 경험하는 안정감입니다. 그래서 하나님의 영광과 아름다움의 매력에 마음을 빼앗긴 시편 저자는 "주의 궁정에서 한 날이 다른 곳에서의 천 날보다 나은즉 악인의 장막에 사는 것보다 내 하나님의 성전 문지기로 있는 것이 좋사오니"라고 노래했습니다(시 84:10).

이 구심력 예배는 하나님 임재의 자리에만 머물지 않고 '원심력 예배'로 확장됩니다. 하나님의 마음 중심에서 세상을 향한 그분의 계획과 그 계획 가운데 자신이 포함되어 있음을 깨닫고 온 열방까지 나아가게 하기 때문입니다. 이 원심력 예배야말로 삶이 예배가 되는 구심력 예배의 결과입니다. 예배 가운데 위대하신 하나님을 누리며, 하나님의 사명을 붙들고 그분의 영광이 드러난 피조세계를 향해 발걸음을 옮길 때 하나님과 그분이 허락하신 세상을 얻는 행복한 길이 될 것입니다.

셋째는 자신의 삶의 자리에서 영향력 있는 예배자가 되기 위해 힘쓰는 것입니다. 예배는 하나님과의 만남이며 그 결과는 반드시 변화된 성품과 생활로 나타납니다. 예배 중에 살아 계신 하나님을 만났는데 변화되지 않는다면 그것이 바로 기적입니다. 또한 살아 계신 하나님을 만나는 예배의 경험은 크고 작은 역사를 동반하는데, 우리 입장에서는 그것이 바로 '변화'입니다. 성도의 변화는 하나님을 만나 그분을 알게 되고 그분의 성품을 닮아가는 것입니다. 그리고 자기 삶의 자리에서 영향력을 끼치게 되는 것입니다. 그 자리가 바로 세상을 변화시키는 출발점입니다.

그러면 우리의 일상 가운데 말씀이 삶이 되고 삶이 예배가 되려면 구체적으로 어떻게 해야 할까요?

첫째, 가정 공동체에서 친밀함의 예배를 드려라

가정은 사랑으로 살아가며 친밀함을 누리는 곳입니다. 이것은 주님을 향한 예배 가운데 누리는 친밀감과 유사합니다. 그래서 가족은 예배 공동체의 가장 작은 단위이자 가장 좋은 모델입니다. 서로 간의 따스함이 묻어나는 가정예배는 행복한 예배의 장입니다. 가족 식사 시간이나 대화 시간을 만들어 삶의 예배의 영향력을 흘려보내기 위해 힘써야 합니다.

둘째, 일터 공동체에서 섬김의 예배를 드려라

일터는 각자의 소명을 좇아 사랑의 섬김으로 이 세상 가운데 하나님 나라를 이루어가는 곳입니다. 오스 힐먼은 우리의 직업이 수입을 얻는 도구만이 아니라 삶과 일터와 도시와 국가를 하나님 나라로 확장해가는 '변화의 도구'라고 정의했습니다.(『일터사역』, 생명의 말씀사) 인생에서 가장 많은 시간을 보내는 곳이 일터이며 그 자리에서 땀 흘리는 사랑의 수고로 다른 사람을 행복하게 하는 섬김의 예배를 드릴 수 있기 때문입니다. 하나님이 사람에게 주신 최초의 명령이 노동이며, 하나님을 향한 경배의 어원 중 하나가 노동과 관련되어 있음만 봐도 그렇습니다. 일터는 그리스도인이 비그리스도인과 함께 서로 믿고 섬기는 공동체를 이루며 하나님이 받으실 만한 섬김의 예배를 드릴 수 있는 소중한 장입니다.

셋째, 도시와 지역 공동체에서 하나님이 기뻐하시는 영적 부흥으로 이어지는 예배를 드려라

도시는 인간에게 주신 문화명령과 통치명령이 실현되는 곳입니다. 하나님은 '온 땅에 충만해지고 정복하라'는 문화명령으로 우리가 다스리고 경작해야 할 도시에 대해 말씀하셨습니다. 그런 의미에서 도시는 세상의 얼굴이자 사람들이 모여 관계를 맺고 살아가는 유기적 집합체입니다. 도시를 다루는 것은 세상의 문제를 다루는 것이요, 도시의 변화는 세상의 변화로 이어집니다. 그렇다면 어떻게 해야 도시를 하나님을 예배하는 공동체로 만들어갈 수 있을까요?

개인과 가정과 직장과 교회에 하나님을 향한 예배의 부흥이 일어날 때, 그것이 도시 차원의 부흥으로 확장될 것입니다. 그 결과로 하나님을 거역하려고 하는 도시의 영적 경향은 삶으로 드리는 예배 공동체에 의해 무력화될 것입니다.

도시의 변화를 위해 지속적이고 구체적으로 기도하는 이들의 모임과 겸손한 지도자들의 연합은 도시의 강력하고 견고한 진을 무너뜨릴 수 있습니다. 그렇게 믿는 자들의 영적 각성 운동은 사회의 전 영역을 변화시켜 물이 바다를 덮듯이 하나님의 복음이 온 세상에 충만하게 할 것입니다.

이제는 개인과 교회의 차원을 넘어 각 가정과 일터와 도시의 삶의 자리로 예배의 개념을 확장시켜, 삶이 예배가 되며 예배가 삶이

되는 현장과 공동체를 일구는 데 애쓰고 힘써야 합니다.

눈치 빠른 독자라면 이미 깨달았겠지만, 예배가 축제가 된다는 것은 바로 '예배 같은 삶, 예배 같은 인생'을 산다는 것입니다. 그것은 내가 하나님을 예배할 뿐 아니라 나의 예배를 통해 세상과 열방까지 하나님을 예배하게 된다는 것입니다. 예배가 삶이 되면, 자연스럽게 삶이 선교가 될 것이라는 말입니다.

유명한 목회자이자 설교가인 존 파이퍼 목사는 말합니다.
"교회의 궁극적 목표는 선교가 아니라 예배다. 선교가 존재하는 이유는 예배가 존재하지 않기 때문이다. 마지막에 남는 것은 선교가 아니라 예배다. 결국 사람이 아니라 하나님이 중요하기 때문이다. 이 세대가 끝나고 셀 수 없이 많은 구속받은 무리가 하나님 보좌 앞에 엎드릴 때, 더는 선교가 존재하지 않게 될 것이다. 선교는 잠깐 동안 필요하다. 하지만 예배는 영원히 지속된다. 그러므로 예배는 선교의 동력원이자 목표다. 그것이 목표인 이유는 우리가 선교할 때 단지 열방이 하나님의 영광을 충만히 누리게 하고자 하기 때문이다. 선교의 목표는 민족들이 하나님의 위대하심을 기뻐하는 것이다."(『열방을 향해 가라』, 좋은 씨앗)

위대하신 하나님을 맛보아 아는 예배자는 결코 하나님을 자신만의 하나님으로 생각하지 않습니다. 하나님이 모든 민족들로부터 찬양받으셔야만 하는 분임을 알기 때문입니다. 다윗도 하나님을 찬양하고 예배하는 일 자체가 선교임을 알았기에 시편 67편에서 이렇게 찬양한 것입니다.

> 하나님이여 민족들이 주를 찬송하게 하시며 모든 민족들이 주를 찬송하게 하소서 온 백성은 기쁘고 즐겁게 노래할지니(시 67:3-4).

이것이 삶의 예배의 궁극적인 목표이자 절대 잊지 말아야 할 지침입니다. 우리가 예배를 축제로 경험하는 것은 하나님 그분의 소원입니다. 우리는 교회 공동체가 품고 있는 예배의 열망이 예배가 축제가 되는 경험으로 열매 맺을 뿐 아니라, '나'와 '우리'의 차원을 넘어 '모두'를 끌어안고 비그리스도인들의 영혼과 삶으로 나아가게 되기를 소망하며 기대해야 합니다. 그럴 때 우리는 삶이 예배가 될 것이며 하나님의 마음을 시원케 해드리고, 내가 아니라 그분의 소원을 성취하는 예배자와 예배 공동체가 되도록 주님이 우리를 이끌고 변화시켜 주실 것입니다.

예배혁명

지은이 조건희

2016년 3월 14일 1판 1쇄 펴냄
2022년 8월 12일 1판 5쇄 펴냄

펴낸곳 도서출판 예수전도단
출판 등록 1989년 2월 24일(제2-761호)
주소 서울특별시 관악구 신림로7나길 14
전화 02-6933-9981 · **팩스** 02-6933-9989
전자우편 ywam_publishing@ywam.co.kr
홈페이지 www.ywampubl.com

ISBN 978-89-5536-502-3

책값은 뒤표지에 있습니다.
잘못된 책은 바꾸어 드립니다.